理想の授業づくり

上條晴夫
Haruo Kamijo

ナカニシヤ出版

まえがき

本書では教員養成の中核である授業づくりをどのように学ばせるかを提案する。

従来の授業づくりの学ばせ方を一言でまとめると、方法論の簡単な説明は行うにしても実際には学生にほぼ丸投げの状態であったと言っても過言ではないだろう。

ほとんどの場合はまず教科書のあるページが指定される。

学生は指定された教科書ページ中にある教育内容を検討し、それを授業らしく組み立て、授業プランに書き上げる。学生が何を行っているかというと、これまで自分が体験をした、あるいは、大学授業ほかで教えられた授業パターンにコンテンツを当てはめているのである。

つまりは「授業っぽい」何かを作り出す努力をしているのである。

この「授業っぽい」何かに、次に施されるのが指導教官による授業プランの添削、さらに模擬授業をさせたうえでのダメ出し指導である。指導教官が添削したり、模擬授業にダメ出し指導をすることで、プランは少しだけ「授業っぽさ」を増すことになる。

こうした授業づくりの学ばせ方は教育実習などでもほぼ同じだろう。

ここで指摘したい点は、こうした授業づくりの学ばせ方では本来学生の持っているはずの授業に対する価値観（魂）がほとんど反映されることがないということである。

学生が最初に学ぶ授業づくりの方法が「魂抜き」で果たしてよいだろうか。

こうした「魂抜きの◯◯っぽさを追いかける指導法」はわたしの専門分野の一つである作文を学ばせる際の指導状況とほぼ重なり合う。小学校でも中学校でも、高等学校でも、子どもたちに要求されるのは教師が期待する「作文っぽさ」を書くことである。

このように学ばされた文章は魂の抜け殻のような文章になってしまう。

わたしが本書で提案する理想の授業づくりというアプローチは学生の「好きなこと」を授業づくりの土台におく。学生が好きでくり返し行っている活動を体験型の学習素材として、そのくり返しの中にある学びのしかけを抽出して授業づくりを行っていく。

この方法の最大の特徴はこうした作業を学生と指導者が一緒に行うことである。

これまでの授業づくりは、それが創造的作業なのだから授業者一人ですることが当然とされてきた。しかし、最近の創造性研究では創造性は必ずしも一人で行われるものではなく、グループによる創造が一般的であるという。これをグループ・ジーニアスと呼ぶ。

理想の授業づくりでは授業者学生と指導者が授業づくりをペアで行う。授業者の学生が持ち込んだ授業プランの原案を検討するのではなくて、授業の土台づくり、骨組みの組み立て方、細部の気になる点についての調整までもペアで行っていく。

こうすることで何が起きるか。授業者学生の魂の入った授業が実現する。授業で起こる出来事が学生に見えるようになる。そしてそれに対して対応ができるようになる。つまり、授業リフレクションができるようになる。初学者である授業者学生にこうした現象が起こるということは、検討に値する出来事であると考える。

ぜひ本書で提案された理想の授業づくりの考え方をご検討いただきたい。

上條晴夫

目次

第一章　教師教育はじめの一歩

一　「体験–省察」モデルの教師教育への浸透

大学で本格的に教師を育てる仕事を始めたとき、相応の自信があった。

小学校教員を一〇年、その後、教育雑誌の編集長やディベートトレーナーなどの仕事を一五年、教員志望の学生の役に立つ仕事ができるはずと信じていた。優秀な現場教師や時代を斬り拓く教育研究者たちと一緒に仕事をしてきたという自負があったからだ。

小学校教員をしていた一九八〇年代は「教育技術の法則化運動」というプロフェッショナル教育の動きが若い教師たちの間に燎原の火の如く広がった時代だった。「授業の腕を上げる」ためには教育技術を身につけること、その教育技術を身につけるには「追試」と呼ばれる先行実践をできるだけその通りに真似し、真似をすることで会得するという方法が常識化した。

教育を理念的に考えることを仕事にしてきた研究者たちはこうした動きを教育のマニュアル化につながるとして批判した。一方授業づくりを事実に基づいて研究しようと考える研究者たちはこの動きを決して無視できないムーブメントであると捉えて、それと向き合った。

技術中心のプロフェッショナル教育の方法論は、それまで理念中心の方法論に四苦八苦していた若い現場教師たちに光明を与えた。先行実践を熱心に追試することを通して、自分なりの教育実践を生み出す教師たちが一定数生まれた。そしてその教師たちの「成功」は技術中心のプロフェッショナル教育の海の中に飛び込む若い多くの教師たちを生んだ。わたしもその渦の中の一つにいた。「追試」モデルを教師トレーニングの拠り所とした。

一九九〇年代後半ころから生活科や総合的学習などが次々と新設される。「追試」モデルの先行事例だった指示・発問の授業に代わり、活動中心の授業に注目が集まるようになってくる。そのため「追試」モデルが使いづらくなる。「教育技術の法則化運動」の動きが少しずつ下火になってくる。しかし次の新しいプロフェッショナル教育の方法論はなかなか出てこなかった。そんななか、ドナルド・ショーン著『専門家の智恵—反省的実践家は行為しながら考える—』(二〇〇一、ゆみる出版)が佐藤学氏、秋田喜代美氏によって訳出される。時代がギシリと動き始めた。

わたしも遅ればせながら、この本を手にしてそろりそろりと読んでみる。

未だその意味を十分に理解できていなかった。しかし時代は動く。

周知のように、一九八〇年代以降、ドナルド・ショーンの提起した「反省的実践家」的教師像(teacher as a reflective practitioner)を理念形とする教員養成プログラムの「実践性」重視の改革は、世界的な潮流となっている(東京学芸大学教員養成カリキュラム開発研究センター編『東アジアの教師はどう育つか—韓国・中国・台湾と日本の教育実習と教員研修—』二〇〇八、東京学芸大学出版会、岩田康之、二七頁)

つまり日本の教育現場が技術中心のプロフェッショナル教育で沸き立っていた時、世界ではすでに「体験－省察」モデルに基づくプロフェッショナル教育への潮流変化が起こっていたのである。たとえば『変革期にあるヨーロッパの教員養成と教育実習』(二〇一二)を読むと、教員養成プログラムが「体験－省察」モデルへとデザインされ直されているのがよくわかる。

こうした世界の潮流変化に伴って、日本の大学でも二〇〇〇年前後ぐらいから少しずつ「体験‐省察」モデルに基づく学部レベルの教員養成プログラムの変更が起こるようになってくる。「体験科目の花盛り」と呼ばれるように多くの体験科目がカリキュラムの中に誕生する。

わたしが常勤の大学教員として仕事を開始したのはちょうどこの頃である。

二　大学で授業づくりはどのように教えられているか

二〇〇六年、教員養成の仕事を始めた時、研究仲間の大学教員たちに取材をした。大学の授業をどのように行っているか。質問のポイントは学生たちに授業を教えるのにどのくらい理論中心に教えて、どのくらい授業事実を中心に教えているかだ。話を聞いた大学教員の大半が授業を事実中心に教える方法を採用していた。背景には、同じ研究グループに所属する大学教員の考え方がデューイの教育哲学に近かったということもあるだろう。

わたしも大学授業を授業事実を中心に教えるスタイルでいくことに決めた。

大学の教育養成教育自体も、前掲『東アジアの教師はどう育つか』『変革期にあるヨーロッパの教員養成と教育実習』などが示唆するようにはっきり「体験‐省察」モデルへと移行していた。学生たちには、大学一・二年生から学習支援ボランティアその他の名目で学校現場に出入りし、教育実習の体験へとつながるような教員養成のプログラムが工夫されていた。

教職課程の授業づくりも「体験‐省察」モデルが主流になっていた。たとえば『教師を育てる—大学教職課程の授業研究』（阪神地区私立大学教職課程研究連絡協議会編、二〇一〇、ナカニシヤ出版）は貴重な一冊である。

従来の一斉授業（講義式）が単純に否定されるわけではないが、すべての授業を一斉授業の方式でするのではなく、ワークショップや協同学習の技法などの研究蓄積を補助線に使いつつ様々な「体験」を教職課程の授業に組み入れて省察する実験的試みが行われていた。特に「授業づくり」を体験として組み入れる工夫として、大きく次の二つの方法が行われていた。

A……授業記録を検討する—文献資料・映像資料をワークによって省察する。
B……模擬授業を検討する—教材解釈・教材開発を模擬授業にして省察する。

前者の授業記録を検討させる方法の原型は文献購読にありそうである。文献ではなく、映像資料を使ったり、購読ではなく、ワークにしたりという工夫をしているが、既に行われている授業を記録から読み取る方法である。授業内容を間接的に探索をする方法である。後者は教科書などの範囲を指定し、指導プランに書かせて、その指導プラン通りに、授業がうまく進行するかどうかを表現させる。プラン通りにうまくいかない部分については、指導者がコメントして理解を促す方法である。ただし授業づくりは学生任せになっていた。

どちらもワークや模擬授業の体験を通して授業の省察を促そうとしている。しかし授業づくりの体験は間接的だったり表層的であったりする。

授業記録を検討する授業は研究者教員が好む傾向にあるようである。授業づくりを研究するにはたくさんの理論書と同時にたくさんの実践記録を読み込むことが必要である。その体験をベースにして学生たちに指導しようとすると、この授業記録の検討がやりやすい。

模擬授業を検討する授業は教職経験のある教員が好んで採用する。校内研修会などで行う研究授業の経験が土台だろう。研究授業では授業者になった教員が授業プランをつくって授業をする。それを検討する。この体験をベースにすると、模擬授業の検討がやりやすい。

教職経験のあったわたしも模擬授業の検討方式を自然に採用していた。

三　実習では授業づくりがどのように教えられているか

大学ではなく、現場の教育実習では、授業づくりをどのように教えているか。

現場ではとにかく忙しい中の実習生指導になる。現在進行中の教科書の該当ページを指定し学生に授業プランを書くように指示する。その授業プランに指導教員の授業観に添った指導を加えるのが授業づくり指導法である。そのため指導は指導教員によって様々である。この教科書指定ページの授業プランづくりに学生たちはどう取り組むか。

二〇〇八年に筆者が書いた「教科書から作る授業プラン発想法」という文章がある（『授業づくりネットワーク』二〇〇八年四月号、学事出版）。


少し前、研究会の二次会で、参加していた（注：他大学の）女子学生が行ってきたばかりの教育実習を話題にした。何気なく「どうだった」と聞くと「指導案が書けなくて、泣きそうでした～」といきなり顔を曇らせた。

どういうふうに指導案を書いたのか。書こうとしたのか。少し詳しく聞いてみた。わかったのは指導の先生が指定をした教科書ページを授業するのに、とにかくよいアイデアはないかと頭を悩ませたという。夜も寝ないで考え抜いたそうだ。

この学生の話を聞いて、すぐ思ったのは、もしも先行実践を意識的に真似して、授業をつくる発想をしていたら、ずっと楽に指導案が書けただろうにということだった。

学生に質問した。

「何かを真似して創るという発想はしなかったの？」

その学生は授業をつくる基本はよいアイデアを生み出すことだと考えていた。そのため苦しい呻吟を続けることになったという。

しかし、実際にどう授業をつくったかを聞いてみると、大学の講義で教わったアイデアをもとにアレンジをしたり、インターネットで見つけた授業記録のアイデアを別の資料のアイデアと結合したりしていた。

けっきょく「先行実践を真似して授業をつくる」という作業をしているのである。しかし「意識的に」真似するという発想をしていないために先行実践を探す行為がどうしても後手後手になってしまっていた。

その点がとても惜しいと思った。

指導を受ける授業ビギナーが苦労する理由の大半は情報の不足である。たいていは、教科書と指導書に書かれた唯一の授業プランを示されて、それをもとに指導案を書くように指示される。そこに無理がある。

指導する教師がビギナーと違うアイデアを出せるのは、指導者の授業経験は当然として、教科書以外の授業アイデアをどこかで見聞し、読んでいることが大きい。

このわたしの考え方のベースには、前出の「追試」モデルの考え方がある。

授業づくりを身につけるには意識的な追試が必要であると考えている。この意識的な追試の考え方は一定の効果はあるにしても、うまくいかない場合も少なくない。以前わたしのゼミナールの女子学生が教育実習で、彼女が子どもの時から大好きだった「ちいちゃんのかげおくり」という国語教材で授業をさせてもらった。本当に大好きな教材で夢中になって調べた。幾つもの成功した授業事例の断片を組み合わせて一つのプランに仕上げた。しかし彼女は納得のいく授業成果を上げることができなかった。それで彼女はこの失敗を卒業論文で取り上げて探究した。

彼女の出した結論は「教材観・指導観の異なる実践家の行った授業の断片をパッチワークのように組み合わせて授業プランを作っても、もともとの『観』が違うのでプランが空中分解を起こしてしまう」というものだった。つまり未熟な「観」しか持たない学生が「観」の違いを無視して授業断片を組み合わせても影響力のある授業づくりはできないということである。これは一見当たり前のようであるが、重要な指摘である。このことは同時に、優れたベテランの指導教員であっても，未熟な「観」を持った学生の指導プランを迂闊に（「観」の違いを考慮することなしに）指導すると、授業が空中分解する危険性があるということでもある。

四　これまでにも集団的な授業づくりはあったか

ここまで議論してわかることは、多くの大学教員は授業記録の豊かな分析体験を持っている。現場教員は自らの授業づくりの豊かな体験を有している。しかし仮にそうであったとしても、それは学生の授業づくりをサポートするための十分な条件ではないということである。

この点に関連して、森脇健夫氏が河崎かよ子氏というベテラン教師の授業づくりについて、「授業が生まれるまで」という記録を中心とした論考で以下のように書いている。この論考は河崎氏というベテラン教師と若い教育研究者が集団的討議の中で行った授業づくりについて、河崎氏の強い「こだわり」を軸にそのプロセスを記述したものである。

> 授業づくりの過程を授業者以外の者が記録、叙述することは今までほとんどされてこなかった。授業づくりを集団的に行うという機会がないからだとも言えるが、これ以上に「授業づくりは、授業以上に個別的、私的な領域であり、そこから普遍的な知見を得る事はできない」と考えられてきたからではないかと思う（教科研授業づくり部会編、河崎かよ子他、『社会科＝テレビのできるまで』、一九九〇、国土社、三六頁、傍点は引用者）。

授業づくりが「授業以上に個別的、私的な領域」であるという考え、だから「そこから普遍的な知見を得る事はできない」という考えに、なるほどと思う。わたし自身もそうした考えに長い間とらわれていた。本書で紹介をする「理想の授業づくり」という教師教育のメソッドは、学生とわたしが集団的に（正確にはペアで）行う授業づくりである。じつはこの集団的な授業づくりについて「とても面白いですよ！」とわたしに教えてくれたのが古くから同じ授業研究グループに所属して、前掲書の取りまとめ役もしている森脇健夫氏であった。

森脇氏に上のように示唆されるまで、わたしもまた授業づくりは「個別的、私的な領域」のクリエイティブな営みであり、授業づくりのプロセスに指導者が関わることが意味あるものになるとはまったく考えていなかった。そもそもクリエイティブということは、個人の領域にあるというのが、これまでの常識であったからである。これに対して、最近、『凡才の集団は孤高の天才に勝る』（二〇〇九、ダイヤモンド社）の中でワシントン大学のキース・ソーヤー氏は「グループ・ジーニアス」という概念を提唱している。「私たちがコラボレーションという形で手を結び合えば、人々を通じて、創造力が花開く」。つまり、これまでクリエーティブは、天才の個人的な閃きが普通と思われていたが、むしろ大事なのはコラボレーションということである。授業づくりという創造性を要求される領域でもコラボレーションの可能性が大きいということである。

ただしこれまでわたしたちが授業づくりのプロセスにまったく参加する機会がなかったかというとそうではない。これまでにも校内研修会で研究授業をするような場合に、授業者である教員が提出した指導プランを同僚教員が一緒に検討することはあった。その意味で言えば「授業づくりを集団として行う機会がない」という森脇氏の主張は少し奇異にも思える。

しかし、校内研修会における集団的な検討が授業づくりという創造性を引き出すものであったかというとはなはだ疑問である。校内研修会における集団的な授業プラン検討（多くの場合は「ダメ出し」のくり返し）によって授業がつくられていくという感覚を味わったことのある人は少ないのではないか。むしろ折角つくったその人らしい（「授業観」を反映した）授業プランを寄って集って突き崩す作業ばかりしていたのではないか。その意味では学校現場においても集団的に行う授業づくりはほとんど行われてこなかったと言えるのではないだろうか。

五　創造性を引き出す集団的な授業づくりとは

森脇氏から「集団的な授業づくりは面白いよ！」と示唆され、学生とのペアワークによる授業づくりに取り組み始めたのが、本書で提案する「理想の授業づくり」の原型である。わたしはこのペアによる授業づくりを二年生ゼミ活動の中心としている。学生と協働的に授業づくりをして、ゼミ生を相手に授業して検討を行う。ただし最初の数年間はダメ出し禁止を意識しつつ、学生との集団的な授業づくりを行ったつもりだったが、思うような成果が出なかった。

最初の数年間の集団的な授業づくりがどういうものであったかというと、まず学生が授業の素案を持ってくる。わたしはできる限り学生の持ってきたプランを追認する。しかしそのままでは授業がうまくいかないと思われる箇所に限定をして理由付きで代案を出す。わたしのその代案に学生は従わなくてよい。「むしろ蹴ってくれた方が嬉しいです。ただし必ず自分の案の理由を言えるようにして下さい。仮にそれで失敗しても全然かまわない。失敗から学ぶことは多々あるはずだからです」。

その結果、どうなったかというと、学生はほぼもれなくわたしの代案に従うことになった。

わたしの技術的な代案は、少し考えればわかる通り、その方が授業の成功率を上げる可能性が高い（授業経験者からの）アドバイスである。学生側にそれを蹴る理由はない。代案に従って少しでも模擬授業の成功の確率があがるのであればそれを採用する。それだけである。

学生と行うこの集団的な授業づくりが上記のような「ダメ出し」にならず、学生がわたしとの集団的な授業づくりの後にもしつこくしつこく、より自分らしい授業を探し求め、授業づくりの探究をするようになるのは、数年たってからである。もう少しはっきり言うと、「理想の授業づくり」がメソッドとして安定するようになってからである（「理想の授業づくり」がどのようなものであるかについては、次の章から詳しく記述していく）。

その「理想の授業づくり」の視点から森脇氏の「授業が生まれるまで」という論考文を読み返してみると、森脇氏の言う「集団的な授業づくり」の中心はあくまで授業者である河崎かよ子氏という教職二七年のベテラン教師であり、その「こだわり」であることがわかる。これに対して、一人の附属小教師、二人の大学教員が対話を通して検討の列に加わる。よくある校内研修会の授業案検討会のように、そこに参加したメンバーが、「平等に」自由にそのプランをよりよくするアイデアを出し合うという会ではない。森脇氏は河崎氏の「こだわり」を中心とする授業づくりの場に立ち会い、その授業づくりの過程を次のように記述している。

授業づくりの過程は、授業者が限られた「授業」の枠の中で、いったい何を大切にし、何を切り捨てるか、というぎりぎりの選択の連続だった。（三六頁）

森脇氏は別の箇所で「（授業づくりの過程記録から）河崎さんが何にこだわり続けたのか」を読みとることができるはずだとしている。この授業者のこだわりを中心に集団的な授業づくりを行う点が、従来の校内研修会の授業プラン検討会と根本的に違っている。「創造性を引き出す集団的な授業づくり」の特徴は授業者のこだわりを中心に据える点にある。わたしにこのことが見えてきたのは実は「理想の授業づくり」というメソッドを発見してからである。

第二章　理想の授業づくり：メソッドの発見

六　応用ゲシュタルトとしてのレッスンスタディ

(一)　応用ゲシュタルトの一つとしての教師教育の可能性

二〇一三年六月、名古屋で行われたゲシュタルト・セラピーのワークショップに初参加した。講師は日本ゲシュタルト療法学会副理事長（当時）の岡田法悦氏であった。ゲシュタルトの予備知識はほぼなしにワークショップに参加した。これまでの教育学中心の学びでは得られない何かを直感した。

(注)

教育にゲシュタルト・セラピーの考え方を結びつけたのはジョージ・I・ブラウン氏である。これをコンフルエンス教育（合流教育）と呼んだ。一九六〇年代、ブラウン氏はゲシュタルトの考えを教育に結びつける開発研究を行うと同時に「合流教育―合流的教員養成の態度的行動的成果」などの教師教育研究をジョン・M・シフレットと共に行っている（よみがえった授業：知識と感情を統合する合流教育』、四四–四五頁）。

日本における合流教育実践の嚆矢は一九七〇年代に山口大学附属光中学校の行った実践研究であるという。そしてこの合流教育の考えを教師教育に最も意欲的に導入したのが河津雄介氏である。河津氏は一九七五年〜一九七六年にカリフォルニア大学サンタバーバラ校、ジョージ・I・ブラウン教授の合流教育研究プロジェクトに留学。ジョージ・I・ブラウン編『よみがえった授業』（一九八〇、学事出版）を入谷唯一氏と共に翻訳、編著『合流教育－その考え方と実際』（一九八二、学事出版）などを執筆する。

その後、一九八三年〜一九八五年に西ドイツのシュタイナー教育教員養成ゼミナールに留学、単著『教師性の創造』（一九八八、学事出版）、単著『「授業を生き生きとしたものにする教師の力量を高める」基本教材』（二〇〇〇、本の森出版）などを執筆。ゲシュタルトの考え方をもとにシュタイナー学校の教師教育のメソッドを学ぶことで様々な演習開発を行い、実際に多くの教師たちとワークショップを実践した。

わたしが最初にゲシュタルト・セラピーおよび合流教育の考えに触れたのは教育雑誌『授業づくりネットワーク』「日本における『合流教育』の新しい流れ―西谷英昭氏に聞く―」（二〇〇一年一〇月号）を執筆した際である。元カナダ・マニトバ州教育省指導主事のグロリア・A・カスティロ著『心と感性を〝育てる〟エクササイズ』（二〇〇〇、瀝々社）の翻訳者である西谷氏にコンフルエンス教育の創始者ジョージ・I・ブラウン氏やゲシュタルト・セラピーの創始者フレデリック・S・パールズ氏について手解きを受けた。

その後、岡田氏が横浜で主宰するゲシュタルト・セラピスト養成講座に定期的に通うようになった。目的はゲシュタルト・セラピーの考え方を教師教育の突破口としたいと考えたからである。

わたしは二〇〇六年から常勤として大学に勤務するようになっていた。教師を目指す学生たちに真に役立つ仕事をしたいと考えていた。

大学で仕事を始めた時、小学校教員としての現場経験と『授業づくりネットワーク』という教育雑誌の編集長経験によって、学生に役立つ考え・技術を与えられるはずと考えた。

その際、理論中心ではなく、授業事実中心に学ぶアプローチを採用した。

過去二五年間に行われた「すぐれた授業」を模擬授業の形で学生たちに体験をしてもらって、その体験を各自がふり返る（リフレクションする）という指導方法をくり返した。授業事実から始めることが教師としての土台づくりになると考えたからだ。

小学校教員時代から関わりを持ち続けた『授業づくりネットワーク』の編集母体となる教育研究グループはジョン・デューイの教育哲学に近い考えの研究者・実践家が多かった。大学の教員養成の考え方も「体験と省察」がキーワードになっていた。

最初の目論見では多くの学生が授業を実感的に学ぶことになると楽観していた。

学生たちに紹介した授業はワークショップ型授業や問題解決学習が中心だった。それまでに体験したことのない新しい授業に学生たちは関心をもち、それらの「学びのしかけ」に関する省察（リフレクション）を自然に深めていくだろうと予想していた。体験から省察を引き出すための工夫として以下の思考スキルをていねいに指導した。

（a）……授業活動を通して気づいたこと、それをもとに考えたことを書く。
（b）……B六判情報カードに三行、気づきを一つに絞って書く。
（c）……「たとえば」を使ってできるだけ具体的に書く。

（b）では複数あるリフレクション（気づき）を一つに絞り込むべきことを示唆した。（c）ではリフレクション（気づき）は具体的事実をもとに考えるべきことを示唆した。

学生たちは新しい授業を楽しみ、リフレクションすることに少しずつ慣れていった。しかし自らの気づきの手がかりはあくまでも学生のインスピレーションに任されていた。インスピレーションのよく浮かぶ学生は前進するが、そうでない学生たちも少なくなかった。学生のインスピレーションを引き出すための方策を持たないまま四苦八苦した。

そこに次のゲシュタルト・セラピーの考えをリフレクション指導として応用し始めた。学生たちのインスピレーションの扉が目の前で少しずつ開き始めた。

> ゲシュタルトでは**今ここ**の**現実**ということを重視する。現に今この時点において、自分の内面であるいは自分のまわりで生起していることのあるがままをあるがままに**感受**し、自分と世界とについての意識を深めてゆく、つまり**意識性**を開発してゆくことが最もたしかな学習の土台になると考える。こうあるべきだ、こうあった方が望ましい、こうあるはずだと考えることで、「知」に振り回されているかぎりあるがままの現実を感受することは難しい。今ここで感じている感覚・感情を素直に感じ受け入れることが、現実把握の出発的になるとする（ジョージ・ブラウン編『よみがえった授業』、本書を読む前に——訳者まえがきにかえて、七頁）。

つまり過去に学んだ知識を観点としてふり返りをしたり、自らの欲求をもとに逆算的にふり返りをしたりすることではない、今ここの現実のふり返りを指導するようになった。

学生たちの書くリフレクションの言葉が少しずつ変化（深化）していった。ゲシュタルトの導入によってリフレクションに手応えを感じ始めた。

ゲシュタルトの考えだけではなく、その技法である「その時点で生起していること」に焦点を当てること、「表情・身体活動で目立つものを指摘すること」なども同時に行った。

たとえば、複数の学生の代表に模擬授業を実施させた、とする。授業を参観した学生たちには「その授業者へのファンレター（良さの指摘）」を書かせる。ファンレターという形でリフレクションをさせる。その後、学生たちの前で「この授業で最も伝えたかったことは何か」「それは授業のどこに現れていたか」など授業者学生に授業の中の実感を聞くようにしたり、表情・身体活動の特徴と教育的影響の関係を指摘したりした。そうすることで学生の書くリフレクションの精度が少しずつ上がっていった。

それまで「行動」「思考」のレベルに限定されていたリフレクションが「感情」「価値」のレベルにまで広がりを見せるようになった。また「行動」「思考」と「感情」「価値」を結びつけたリフレクションをすることが徐々に行えるようになっていった。このリフレクションの変化は授業者学生の模擬授業のパフォーマンスを向上させた。

応用ゲシュタルトとしての教師教育が少しずつ動き出すのを感じることができた。

（二）ゲシュタルトの考えをレッスン・スタディに導入する

二〇一三年度は、ゲシュタルト・セラピーの学びと並行して「新人教師はどのように授業を体験しているか」という研究を行った。それまで自分が足場にしていた教育方法から教師教育へと重心を移しつつあるなかで、教師研究の重要性が大きく視野に入ってきたからである。

自分が学び、身につけてきた教育方法の理論と技術を単に学生たちに教えればそれですむという訳ではなく、新しい教育方法を彼らに身につけてもらうためには、教育方法が教師によってどのように学ばれるのかということを知る必要があることがわかってきたからである。

四人の新人教師たちの授業を観察し、その授業についてインタビューした。その分析の結果わかったこととして、以下五点が挙げられる。

・新人教師たちは自らの授業づくりに四苦八苦していた。
・自らの理想（こだわり）が実現できずに「眉間に皺」を寄せていた。
・授業を理想（こだわり）に焦点を当てて話を聞くと彼らの表情がやわらいだ。
・自らの理想（こだわり）に基づく授業の見えをうれしそうに語った。
・新人教師たちは授業の見えを語った後に不安も語った。

新人教師は文字通り「眉間に皺」を寄せたが、それは象徴的な意味も大いにあった。いわゆる「リアリティ・ショック」としてよく知られる複雑で多様な教室状況の中にあって、彼らは自らの非力を嘆

いていた。外部からの観察者であるわたしが授業参観中にもかかわらず、彼らは自らの授業づくりのうまくいかなさを授業中ぶつぶつとつぶやいていた。

わたしは彼らが授業をどのように体験しているかをインタビューした。

通常若い教師が授業を見られる際は彼らの授業のうまくいかなさ、授業の見えの不十分さが話題になる。いわゆる「レッスン・スタディ（研究授業）」がそれである。そうした場面の彼らの様子を観察してみると、一様に非常に暗い顔をしていた。同僚教師たちは、若い教師たちの授業を少しでもよくしようとして授業の「見え」の不足点、改善点を申し立てた。しかしその同僚教師たちの「見え」の不足点、改善点の指摘は若い教師の表情を一様に暗くした。

一方わたしのインタビューは彼らの授業の見え方の不十分さ、改善すべきやり方についてのアドバイスを一切行わなかった。ひたすら彼らの見え方、工夫点を聴き取ろうとした。寄り添って聴くことで彼らの内面について理解を深めようとしたからである。

わたしの行った研究方法はアイヴァー・F・グッドソンなどによって開拓された「ライフヒストリー・アプローチ」と呼ばれる方法だった。この方法論は「レッスン・スタディ」などで同僚教師や研究者がそれぞれの「見え」に基づいて、よりよい授業を創り出すために実施するやり方（拙さの探究）とは根本から違っていた。レッスン・スタディでは、拙い授業があれば、その授業の拙さの理由を究明することが当然だった。しかしライフヒストリー・アプローチでは授業者の内面を理解しようとする。従来のレッスン・スタディ参加者には思いもつかない、拙い授業をする教師の内面を理解しようとした。

その結果わかったことは、彼らは自身の理想（こだわり）周辺の事実はよく見ているということだった。そして理想から外れた「見え」を指摘された際には、気持ちが閉じて暗い表情になるが、理想（こだわり）の周辺事実に水を向けられると、表情がやわらぎ、嬉しそうになる。そしてその語りが一段落してやっと自らの授業の見えている部分と見えないない部分の境界線で起きている不十分な出来事に意識が向くということである。この境界線に意識が向いた時に必要な分量だけアドバイスすること。そうすることが若い教師たちの授業の「見え」の拡張につながるということがわかってきた。

この研究からわたしは学生とする授業づくりの大きなヒントを得ることになる。

それまでも学生とする授業づくりでは学生の持ち込んでくる「何でもよい自由」なテーマをもとに授業づくりを行ってきた。どのような方法・技術を採用したらそのテーマが授業として成立するかを一緒になって考えた。しかしこの方法では授業を失敗しないことが気になる学生はわたしの持ち出す方法・技術を鵜呑みにして、自分の希む「自由」なテーマから離れていった。

学生の授業づくりのテーマを「自由」（何でもよい）から「理想」（こだわり）に変更した。

学生が持ち込むべきテーマは「自由」ではなく、その学生の「理想」（こだわり・強み・好き）でなくては授業に軸をつくり出すことができないと気づいた。ただ問題となるのは、そうした学生たちの「理想」（こだわり・強み・好き）は必ずしも学生たちによって十分意識的になっている訳ではないということである。むしろ無意識（多くの場合は抑圧されている）であることが多かった。なぜならばこれまでの教育は彼らの「理想」（こだわり・強み）を伸ばす教育であるより「苦手」（引け目・弱点）を克服することを促すように行われていたからである（この「苦手克服」戦略は偏差値向上の受験教育では、ある意味当然の戦略だった）。

そこで学生たちから「理想」を引き出すためには、「あなたのことが本当にわかるのはあなた以外にない」というゲシュタルト・セラピーの態度を基本として、授業づくりの面談中は「どのように感じているか」「いま（心の中で）何が起きているか」など、その時点で心中に生起している実感に焦点を当てた問いかけや「回想する目だ」「指が動いたね」のような表情・身体活動の目立つ点を指摘することによって、感覚や感情をありのままに感受するよう働きかけた。

そしてそうした働きかけを行いながら徐々に彼らの理想を掘り出す作業をした。もしも「理想」が掘り出されれば、それで授業づくりの八割は完成となる。残りの二割は技術上の不安を聞いて簡単な助言をするだけである。

（三）創造的な調整をする――書道アートの授業を例に――

二〇一四年度、二年生ゼミの模擬授業を「理想の模擬授業プランづくり」という呼び名に変更して、これまでとは異なる本格的授業開発を行うことにした。今は「理想の授業づくり」と呼んでいる学生と協働でする授業づくりを当初は「理想の模擬授業プランづくり」としていた。従来の「模擬授業」で前提としていた以下二点を引きずっていたからである。

（a）……学生が小学校の子どもの代わりになりシミュレーションとして行う授業である。
（b）……小学校の中心教材である教科書を使った授業コントロール法の訓練である。

原型である「理想の模擬授業プランづくり」も上記二つを引きずっていた。

しかしこの二つの前提で行う「模擬授業」には大きな弱点があった。杉浦健氏は「本当の生徒でないことは、授業の目的を設定するにあたっても、限界を示すことになる。授業を作るにあたって、教材観や単元観を反映させた、また教員としての自分の思いを反映させたメッセージももちろん重要なのであるが、実際に授業をするにあたっては、生徒の実情（たとえば学力、知識量など）に応じて変わるものである」という。ゆえに杉浦氏は教育実習その他の現場での経験が重要になるという。確かにその通りである。しかし学生が学生に対してする授業が授業として不完全なものであるかというとまったくそんなことはない。学生が学生にする授業はそれはそれで完全な授業である。子ども相手の授業の「模擬」であるという前提で授業をするのだと考えない方が逆にむしろ授業トレーニング法としてはより実践的なものになると考えた。

また二つ目の授業コントロール法訓練として「模擬」を実施することについて、岡本哲雄氏は「ある到達目標を実現するために合理的な指導案を書き、それを『支障なく』計画通りに実行に移せる力が『現場で役に立つ実践的指導力』

と賞賛されたならば、その言葉によって覆い隠されてしまうのは、そのような目標をたて、計画的に教えるプロセスをシミュレートし、予想した展開どおりにことを進めること—これらに『そもそも何の意味があるのか』という根本的な問いである」。この岡本氏の発言は教育実習について言われたものであるが、教育実習の事前指導としてしばしば行われる「模擬授業」にもあてはまるものだろう。岡本氏の言うように、こうした「授業コントロール法の訓練としての模擬授業」という考え方が「実践的」「役に立つ」などの考えによって正当化され続けることは学生たちの「省察」「思慮深さ」の形成を挫くことになる。模擬授業が授業制御法訓練であることに疑いを持つ必要がある。

（注）
杉浦氏・岡本氏の発言は共に阪神地区私立大学教職課程研究連絡協議会編『教師を育てる大学教職課程の授業研究』（二〇一〇、ナカニシヤ出版）による。杉浦氏（一〇七頁）、岡本氏（九一頁）である。

「理想の授業づくり」ではそうした二つの前提を外した形の指導を行っている。

二〇一四年の「理想の模擬授業—プランづくり」の一つとして、Tくんの行った「書道アート」の理想の授業づくりについて紹介したい。理想の授業づくりでは学生が自分の「好きなこと」をテーマに、それを学習者である学生に体験してもらうことを中心とした簡単な授業を考えてきてもらう。それをわたしが支援者として授業者学生と一緒に授業をつくっていく。その際に、支援者であるわたしの一番の支援ポイントになるのは「あなたのこと（あなたの授業）が本当にわかるのはあなた以外にない」というゲシュタルトの態度を一貫して貫くということである。

Tくんがつくり上げた「書道アート」の授業はなかなか面白い授業だった。教室のテーブルを真ん中に大きく固めて、「全員の作業が見えるようにすべてをつなげた」座席配置にした。書く文字は学校の習字の時間にやるように決められた文字を書くのではなく、自分の考えた言葉を考えて書く。それも、単に文字を書くのではなく、まるで模様のように。それぞれの学生が、それぞれの思いを込めた言葉を選び、好きな色、形、大きさで絵柄のように書いていった。

この「書道アート」の授業がどのように生まれたか。Tくんの言葉を引用したい。

わたしは最初、今回やったものとまったく違う授業を考えていました。しかし上條先生とお話をするなかで、「自分の好きなものから授業を始める、授業の基にする」という軸が自分の中でブレていることを指摘してもらいました。

そこで自分の好きなものはなんだろうと考えたときに書道が出てきました。わたし自身、書道教室に通い、書道が好きでした。しかし、わたしは国語の授業で行う書写（習字）が嫌いでした。なぜなら、正しい書き順、バランスのいい文字、お手本にそっくりな文字を書ければ優、そうでなければ劣という暗黙のルールみたいなものを感じていたからです。わたしはそこに楽しさをまったく感じません。

だからうまく言葉に表せないけど、「これきてるな！」なものを感じとった瞬間が好きだったわたしは、色も紙の向きも構成もすべて自由な書道の授業をしようと考えました。

Tくんが書いている「理想の授業づくり」の背景説明の中には「小学生を相手にした書写と呼ばれて行われいる授業」をやってみようという意識はまったくない。向き合っているのはTくん自身の心の実感、自分がどのような学びを「好き」と考えているか、ということである。

また、この授業によって、ゼミ生たちを相手に「授業コントロール法の訓練をしよう！」という意識もない。代わりに「うまく言葉では表せないけど、『これきてるな！』というものを感じとった瞬間」の「好き」をゼミの仲間学生たちと少しでも共有しようとしている。

Tくんはこの授業づくりで「模擬」ではない「理想の授業づくり」をした。

ゲシュタルト・セラピーでは、自分を取り戻すために、自分の中の不完全な部分や、自分の人格を認めたり、そして、他人からの承認に依存したりせず、評価にとらわれないようにして、なんとか自分で、**「創造的な調整」**をして、自分で自分を調整していきます（守谷京子『初めて出逢う自己像―ゲシュタルト・セラピーの基本・学び方から実践まで―』、二〇一六、チーム医療、一九〜二〇頁）。

いわゆるゲシュタルト・セラピーは「療法」であり、いまでもその「療法的」機能を有しているが、協働的でクリエーティブな生き方を一般的に支援することに力点が置かれるようになってきている。上記引用のゲシュタルト・セラピーもその文脈で読むことができる。

ゲシュタルトにおける一貫した態度である「あなたのこと（あなたの授業）が本当にわかるのはあなた以外にない」が目指しているのは創造的な調整の実現である。創造的な調整とは、ゲシュタルトがセラピーとして追求をする鍵概念であり、「各人が、自分の思想に則って生きていくが、自分の置かれた場と世俗的な規範に配慮するような妥協もしくは統合のこと」（サージ・ジンジャー著『ゲシュタルト・セラピーの手引き』、二〇〇七、創元社、一四四頁）である。Tくんが「理想の授業づくり」で行ったのはまさにそのような創造的な調整であった。

このような理想の授業づくりが教師教育の初めの一歩としてなぜ重要か。それは学生たちを「そもそも教師とは何のためにに存在するのか」という問いに導くからである。教師は「教科書の見開き二ページを効率よく教えるためだけに存在するのか」「自分の中の『好き』を学習者と共有し、『世界』と対話するために存在するのか」。理想の授業づくりは、このような根本的な問いの探究へと授業者学生を導く。理想の授業づくりでは既存の教育理論・授業スタイル・学校文化の修得が目指されるのではない。授業者学生や若い教師が世界において自分は何をこそ実現したいかを探究するために授業づくりを行うのである。既にある価値と自分の中の価値をどう創造的に調整することができるかについて、仲間たちと共に学び合うのである。

七　理想の授業づくりというメソッドを発見する

（一）「自由」で集団的な授業づくりでは方法・技術が消費されてしまう

少し時間を戻す。大学でゼミを担当するようになって学生と一緒に授業プランづくりをするようになった。きっかけは三重大学の森脇健夫氏の「集団的な授業づくりっておもしろいよ」という一言であった。それまで授業づくりは一人でするものだと考えていた。今までに実践されて書かれたものを検討することはしばしば行っていたが、自分以外の授業づくりに意識的に関わったことはなかった。授業づくりのようなクリエイティブな作業は一人でするものと思い込んでいたからである。

学生と一緒に「集団的な授業づくり」を始めた時、テーマは「自由（何でもあり）」とした。たとえば国語絡みであれば教科書に縛られないどんなテーマでもよしとした。学生が持ってきた授業プランを学生と一緒に完成度を上げていった。その際最も気をつけたことは「どんな教育方法・技術を選ぶかの最終決定権は学生が持つ」というルールだった。授業づくりに関して知識も経験もわたしが圧倒的に上である。影響が大きくなる。学生は「そのやり方は少し違うかも」と感じたとしてもわたしが「こちらの方が安定するかな。ブレない確率が高いかも」と助言するとそれに流されてしまう。そこで「授業づくりはわたしのアドバイスと違ってよい。むしろ違うことを歓迎する。それで授業が失敗してもよい。仮に授業が失敗したとしても失敗したことがよい経験になるから」と言い続けた。学生が選択する経験が持てるように方法・技術は一つでなく、できるだけ二つ以上提案するようにした。

この「自由」で「集団的な授業づくり」の方法を約五年続けた。

五年続けてわかったことは、この方式をくり返しても教育方法・技術が消費されてしまうだけで、新しい授業は滅多に創り出せないということである。たとえばゼミ生とつくった「メール作文」という授業がある。授業冒頭で東北地方の名所（「桜の咲き誇る弘前城」ほか）六箇所が大判カラープリントで提示される。その旅行先から写メ付きメールを友人・知人に送るという設定の作文授業である。場所を決め、写真を見ながら送信先の相手に向けて近況だよりを書く。いくつか表現技法を指定して、その表現技法の入ったメール文を書く。発表会をする。

学生たちにも大人気で、そのまま教育雑誌に載せてもよい完成度の授業になった。この授業の元ネタは石田佐久馬著『新しい作文指導のアイデア―「手紙作文」を中心として―』（一九七五、東洋館出版）である。ゼミ学生が手紙をテーマに作文授業をしたいと言ったので、前から気になっていた石田氏の手紙作文を紹介した。研究室の本棚にあった本を紹介すると、「先生、これっ、いいです。これがやりたいです」という話になった。学生と二人で「手紙のままでは面白くない。メールにしたらどうだろう」「いまなら写メ付きのメールが面白いかも」「ただ書くのでは勉強にならないから表現技法を使うという条件をつけたいです」。

こんなふうに学生と二人でメール作文の授業アウトラインを固めていった。アウトラインの固まったところで、授業者学生は、東北各地の観光地をカラープリントの大判写真に焼き付けたり、メール文を書く便せんをレイアウトしたワークシートなどを懸命に手作りした。

その結果、一定の完成度をもった新しいメール作文の授業を創り出すことができた。

この授業の成功を授業者学生もわたしも素直に喜んだ。しかし時間が経つにつれ、「あれっ、これは違うかも」と考えるようになった。学生が授業のよいアイデアをもとに懸命に教材を作り上げる。授業のアイデアが活かされるように授業の指導言もセリフのように覚え、立派にそれを演じる。確かに悪くない。しかし、これで本当に授業づくりしたと言えるのか。

冷静になって、この授業づくりの経緯をふり返ってみると、手紙というテーマを持ち出したのは確かに学生であった。しかし、その後の「手紙作文」のアイデア、「メール作文」のアイデア、「写メ付き」のアイデアなど、授業の骨格となるアイデアはほとんどわたしから出されていた。授業者の学生はそれを追認し、そのアイデアを肉付けする作業に没頭した。一生懸命に教材を作り、役者のように舞台に立って、この授業を演じ切った。

本気の取り組みには違いないが、これで本当に授業づくりと言えるのか。

河崎かよ子他著『社会科＝テレビのできるまで』所収の森脇健夫氏の「授業のできるまで」の中に次の一節がある。

　授業づくりの過程は、授業者が限られた「授業」の枠の中で、いったい何を大切にし、何を切り捨てるか、というぎりぎりの選択の連続だった（三六頁）。

授業づくりの過程とは、限られた「授業」（時間、場所、もの）という枠の中で、授業者が何を大切にし、何を切り捨てるか。そういう「ぎりぎりの選択の連続」をするものである。

上記の授業で「ぎりぎりの選択」をしているのは残念ながら授業者の学生ではない。確かに授業はつくられているけれど、それは学生によって作られてはいない。教育方法・技術は選ばれてはいず、消費されているだけである。

自由な授業づくりでは、確かにテーマは何でもよいという自由は保証される。しかし、ほぼ初めて授業を作る学生から見ると不安である。「自由」が不安である。ついつい指導教員が助言するままの授業づくりを追認してしまうことになる。これでは授業づくりを体験したとは言えないのではないか。

(二)　T・Sさんの「幾何学模様を妄想する授業」でメソッドを発見する

「集団的な授業づくり」が授業者にとっての授業づくりになっているか否か。

分岐点となるのは、授業者が授業づくりをするなかで自分の「大切」（観、こだわり、好き）によって「ぎりぎりの選択の連続」をしているか否かによる。

しかしベテラン教師ならともかく学生にそうした選択ができるだろうか。指導者が学生に選択を促したとして彼らは選択ができるだろうか。

自由で集団的な授業づくりの経験によれば、「ぎりぎりの選択の連続」をするような学生は確かに存在した。しかし稀である。わたしの経験でも十年で教えるくらいだった。

彼らの特徴は自分の「大切」（観、好き）に強いこだわりがあった。ゆえに授業の成功、失敗に対する不安傾向は小さかった。失敗に対する不安より挑戦心が彼らをつき動かしていた。

しかしほとんどの学生たちは授業づくりという不安要素の大きいプロセスにおいて指導教員であるわたしの示唆する方法・技術に従うという安全策をとってしまう。

＊　＊

二〇一四年、前年度からのゲシュタルトの学びと「新人教師の授業づくり」の研究を経て、「自由」な授業づくりではなく、「好き（なこと）」の授業づくりを開始した。学生の「好きなこと」を土台に協働的な授業づくりを開始した。

最初の大きなインパクトはT・Sさんの「リレー作文をつくろう」の授業だった。


私はまず模擬授業を考えるにあたって、書く作業をしてもらいたいと思いました。それは私が、思ったことを書き留めるのが好きなのと、小学校の時に絵をもとに自由に絵本を作るという活動をして楽しかったという思い出があったからです。そこに、グループで作ったほうが楽しみながらできると思ったので、〝リレー作文〟の要素を入れました。

そして最大の私らしさである〝幾何学模様〟は、上條先生との検討会にて引き出していただきました。実際私は幾何学模様とか、壁のよくわかんない模様とか、好きでよく眺めているんです。そこを授業に活かせるというのが自分のなかではすごい発見でした。


研究室に来たT・Sさんには「好きなことを考えてくるように」と指示が出してあった。「できれば簡単な授業プランも考えてきて」とも。T・Sさんの考えてきた授業プラン（上記前段）をざっくり聞いた後、およそ以下のやりとりをした。

「キミの好きなことって何ですか？」

「幾何学模様です」

「幾何学模様？幾何学模様をどうするの？」

「妄想するのが好きです」

「本当に好き？」

「好きです」

「どのくらい妄想するの？」

「週に二、三回ぐらい」

「…」

「…」

「それはどんな幾何学模様？」

T・Sさんはスマートフォンを取り出して検索窓に「幾何学模様」と打ち込んで、画像検索ボタンを押した。画面いっぱいにたくさんの幾何学模様が写し出された。画面に一つずつ模様が写し出されるようにしてからT・Sさんはその画像を人指し指ではじき始めた。

「たとえば、これっ」（笑顔）

「それから、これっ」（笑顔）

自分が妄想しやすいと思う幾何学模様をわたしに見せてくれた。まるで迷う様子がなかった。その場で探し出した幾何学模様の一つが授業でもそのまま使用されることになった。

「これで妄想するの？」

「はい！」（笑顔）

何かを見て作文を書くという授業は決してポピュラーではないが存在する。たとえば、写真を見て作文を書いたり、四コマ漫画を見て作文を書いたり、実際の動植物を見て作文を書いたりもする。その際、作文は観察文になったり、想像文になったりする。幾何学模様の妄想もそれを文に綴るのであれば立派な作文授業になると思った。ただし幾何学模様をもとに想像文を書くような授業は読んだことがない。

Ｔ・Ｓさんとどのようにそれを授業にするかを考えた。試行錯誤の結果、以下のような授業になった。

①画像は教室の壁に大きく映し出す。
②最初に妄想をしやすい簡単な画像で妄想練習をする。
③次に本番の幾何学模様で妄想の作文を書く。
　＊三人一組になってリレー作文を書く。
　＊最初の一人には書き出し文を与える（「これは○○の世界です」）。
④書かれた作文を発表する。

画像を壁に映し出すのは、「迫力を出したかったのと、いつもと違った雰囲気でわくわくした気持ちで授業を受けてもらえるかな―と考えたから」。実際に「えーっ」「すごーい」という歓声がゼミの学生たちから上がると、Ｔ・Ｓさんは「よしっ」と思う。

初めに例に出した画像は「わざと物語が浮かんできそうな簡単な画像を選んだ」そうである。

「こんなふうに作るんだ、というわかりやすさのため」である。

次に本番の画像。「皆さんの戸惑った表情、とても覚えています（笑）、そこで、やはり書き出しを決めておいてよかったなと思いました。方向性を少しでも見やすくし、他のメンバーもそこを合わせつつ物語を進めていけるのではないか、という考えのもとです。実際初めは書き難そうにしていたみなさんも、どんどん筆が進んでいった様子を見て、安心しました」。

「発表会では、他の班の作文を聞いた反応もよく、私自身もコメントをかけられたのでよかったと思います。（略）ガラスのコップを割ってしまった衝撃で迷い込んだ世界で父の思い出を目にする主人公。誰もいない世界で出口のない道を歩き続ける主人公。レポートのことで心が乱れている主人公。みなさんの想像の世界を引き出せたこと、嬉しく思います」。

この授業ではT・Sさんの「好き」（こだわり）が授業の核になっている。授業づくりにおける「ぎりぎりの選択の連続」が発生している。

なぜか。この授業づくりでは「幾何学模様を妄想する」という授業者の独自な体験が授業の核になっていて、授業支援者のわたしは「あなたのことが本当にわかるのはあなた以外にない」というゲシュタルトの基本態度を貫くことができた（貫くしかない）からであった。

このT・Sさんの「幾何学模様を妄想する」授業で最も印象に残るシーンは授業の初心者であったT・Sさんが授業の中で何度も「行為の中のリフレクション」（授業の様子を観察し、その状態をふり返り、授業の中での自らの働きかけを工夫・修正する）を行っていたということである。その様子を目にした時に、驚いたと同時に、深く納得もした。週二、三回も妄想をするT・Sさんにとって、この授業場面は見慣れた世界なのだろうと考えたからである。

（三）「観・こだわり・好き」に触れると創造性が発揮される

小学校教師をしていた時には「（子どもの）できる」にこだわって実践していた。

たとえば計算問題ができなかった子どもができるようになる。漢字テストで良い成績のとれなかった子どもが良い成績をとるようになる。教科書の音読が上手になったり、跳び箱が跳べるようになったり。そういう「できる」が達成されると子どもたちは変わった。個々の学習内容を修得すること以上に、何事かが「できる」という実感が彼らを確実に成長させた。

大学生を教えるようになっても、この考え方のクセがなかなか抜けなかった。教員志望の学生たちに「できること」（教育方法・技術）を伝えることができたら、それによって彼らは意欲を示すだろうと無意識に考えていた。確かに彼らに役立つだろう教育方法・技術を「できる」ように教えることで彼らを意欲的にした事例は少なくない。しかし小学生が「できる」ようになることによって、生き生きしていくのとは違う何かが大学生にはあるようだった。そもそも「できる」と一口に言っても、わたしの「できる」と彼らが考える「できる」にはどこかしら違いがあるようだった（これは方法・技術だけでなく、理論でも同じである。理論が示す教育の可能性と学生の考える教育の可能性にズレがあるということである）。

学生に授業づくりをどのように教えるべきか。「できる」を教えるだけでは不十分である。

そう気づくきっかけになったのはジューン・A・ゴードン著『変革的教育学としてのエスノグラフィ―教室の壁をこえて』（志水宏吉、ハヤシザキカズヒコ訳、二〇一〇、明石書店）、序章の最初の七行を読んだ時であった。ゴードンはその著書を次のように書き出している。

変革的教育学（transformative pedagogy）は、生きることの意味と学校教育の意義を探究しようとするものである。私たちのだれもが、意味を作り出そうという努力、すなわち自分自身の居場所とアイデンティティを見出そうとする努力を行っている。どんな形をとっていようとも、その努力は、自己と他者との対話を伴う構築的な過程である（Bruner, 1990; Rosaldo, 1993）。子どもというものは、家族・家庭や学校といった、身近で自分に固有なものを利用して、ローカルなアイデンティティを作り上げる。他方、ティーンエイジャーになると、身近なものから、より国家的あるいは普遍的な、いわゆる若い理想主義を追い求めるようになる。

小学生の子どもたちであれば、教師が提供する「できる」によって自分らしく生きることをスタートさせる。発達心理学の知見によれば、彼らの発達課題は「コンピテンス（有能感）の獲得」である。「できる」ようになることが彼らを刺激して、彼らを成長させていく。

しかし大学生たちは単なる「できる」では納得できない。なぜなら彼らが追求しているのは、単なる「できる」ではない。「生きる意味」（実存）である。大学生の彼らにとっては「できる」は「生きる意味」と一つになった時にだけ彼らを変化（成長）させることにつながっていく。発達心理学の言葉でいうと「理想としてのアイデンティティ」が不可欠である。

学生たちに授業づくりをどのように教えるべきか。彼らの「アイデンティティ」の核となる「価値観・こだわり・好き」等と結びつけることがぜひ必要だろう。仮に彼らの「価値観・こだわり・好き」がどんなに拙いものであったとしてもその核となるものを中心に彼らは自らのアイデンティティをつくっていくのであり、そこからズレてしまっては「できる」は意味を持たなくなってしまうからである。

彼らに「自由な」テーマで授業づくりを求めていた時代のわたしの失敗は、このことに気がついていなかったことによる。「自由な」テーマによる授業づくりを求めた時、学生たちは、彼らの「価値観・こだわり・好き」に基づくテーマを持ってこなかった。まずは授業になりそうなもの、どこかでちょっと見かけた、ちょっと面白そうな授業のネタを持ってきた。

このちょっと面白そうな何かで、わたしと授業づくりをする際に、彼らが希むことと言えば、その授業が授業らしくミスなく終わることである。当時の彼らを思い起こしてみると、当然であるが授業がうまくいくかどうかにこだわっていた。わたしも彼らのそのこだわりに同調して、うまくいきそうな教育方法・技術を彼らに提供した。彼らはそれを消費していた。

大学・実習校で一般的に行われている教科書の指定されたページを授業らしく組み立てる授業づくりでは、わたしの

「自由な」授業づくりよりもさらに、彼らの「価値観・こだわり・好き」から遠ざかることになる。「自由な」授業づくりでは、それがその学生の「価値観・こだわり・好き」とつながることは可能性として残されていたが、教科書の指定されたページを授業らしく組み立てる授業づくりでは、ほぼそうした可能性はゼロになってしまう。授業らしく組み立てることが目標で、「観」は関係なくなる。

理想の授業づくりの方法論に従って一旦その学生の持つ「好き」を引き出せれば、後はその「好き」によって普段からその学生が行ってきた体験が授業の細部をつくっていく。その過去の「好きなこと」の体験が彼らの授業づくりを創造的にする。しかし指定された教科書のページを授業らしく組み立てる授業づくりや「自由な」テーマによる授業づくりではミスしないための防御的な授業になりがちである。そこには彼らを創造的にするリソースが欠けているからである。彼らは授業におけるミスができるだけ少なくなるように授業の段取りを整えようとする。これに対して「好きなこと」をテーマにした授業づくりでは、彼らのアイデンティティの核になる「実存」が働くことになる。そこには彼らがこだわってくり返し楽しんできた経験の蓄積（イメージ）がある。自分のアイデンティティを満足させるために授業をつくり込もうとするとき、彼らの中にある。たくさんの蓄積がリソースとなる。

先の「幾何学模様を妄想する」授業を創ったT・Sさんと、その授業の成功を愛でるための話をしていた時のことである。わたしが「それにしても『幾何学模様を妄想する』というのは、ちょっと変わっているよなあ。すごく面白い授業になったし、これまで誰もつくったことのないすごい授業になったけれど、幾何学模様の妄想はユニーク過ぎるかもねえ」と軽口を叩くと、T・Sさんは「でもミステリードラマやSF映画の導入部分に幾何学模様が変化していくシーンが出てくることがありますよね」とさらっと一言。確かにそうした映像表現を思い起こしてみると幾何学模様が使われていることがあることに気がつく。そこにはある種の普遍性がある。幾何学模様を使った認知を伝達するための何かがある。T・Sさんはその時に「幾何学模様を妄想すると落ち着く」というような発言もしていた。これなどもその時は気がつかなかったが、心理療法などの書籍を読み込む際に、これによく似た手法があることに気がついた。

教科書を教える授業づくりでは教科書という形に価値づけがされている内容を子どもたちにいかに伝達するかということの工夫が中心になる。これに対して、学生の「価値観・こだわり・好き」をもとにした理想の授業づくりでは、その「価値観・こだわり・好き」を含んだ体験活動を学習者と一緒に体験することによって、一種の「関心の共同体」を創り上げていくような授業づくりとなる。授業者学生にとっては、それは単なる「できる」の伝達ではなく、「自分自身の居場所とアイデンティティを見出そうとする努力」と重なっていくのである。

八　理想の授業づくりで経験の連続性を生み出す

(一)　学生の「理想（こだわり）」をどのように引き出すか

理想の授業づくりを行うために学生の「こだわり」をどのように引き出すか。

学生の「こだわり」を引き出すにはいくつかの小さなコツがある。まず理想の授業づくりは、以下三つのことを学生と共に行うアプローチだということである。

(a)……理想の授業づくりでは「好きなこと=くり返し行う言語活動」を発掘する。
(b)……理想の授業づくりでは「学びのしかけ=学びを促進するルール」を発見する。
(c)……理想の授業づくりでは「創造的な調整=授業への落とし込み」を共創する。

学生の「こだわり」を見つけるのは、一つ目の「『好きなこと=くり返し行う言語活動』を発掘する」作業である。発掘するには学生に次のような授業づくりの課題を出す。

好きな〈こと〉＝くり返しよくやっている言語活動を三つ考えておいて下さい。（できれば三つのうちの一つを使った簡単な授業プランを書いてきて下さい）

約一時間の面談時間を予約し、学生と一緒に、上記の授業づくり課題をもとに、その学生の「好きな〈こと〉」を炙り出す。学生にはこの「好きな〈こと〉」が案外見つからない。

ポイントは「好きな〈こと〉」で、「好きな〈もの〉」ではないことである。ただし、いきなり「くり返しよくやる好きなこと」の発掘は難しい。

たとえば、ある学生は面談冒頭で「好きなこと考えたんですが、趣味らしい趣味はまったくないです。好きでやっていることもほとんどないです」と言っていた。

先輩の理想の授業づくりで出てきた例などを紹介すると、「街並みを見るのは好きかな」と言い出した。そこで「街並みを見ること」を少し具体的に聞いていった。

「市内のどの当たりの街並みが好き？」
「その好きな街並みはどうやって発見するの？」
「その街並みを見てどんなことを考える？」
「誰かと一緒にその街並みを見るの？」
「街並みを見るためにわざわざ出かけていくこともある？」。などなどである。

こうした質問への応答によって学生の「好きなこと」密度を確認していく。ちなみに、この「街並みを見る」は密度が低めであると分かってくる。

珍しいことだが、面談は時間切れ、再面談することになった。

困った学生は一度目の面談と二度目の面談の間に「偏愛マップ」を作ってみて、自分なりの「好きなこと」を探究する活動を行った。わたしが齋藤孝氏の開発した偏愛マップなどを使うと、「好きなこと」を探しやすいと助言したからである。

「偏愛マップ」を簡単に説明すると、自分の好きなものを一枚の紙に書き出したものである。絵を使っても、文字だけでもよい。ネット検索をすると、こういう偏愛マップの例がたくさん出てくる。この学生はそうした偏愛マップの一つを参考にして、自分の「好きなこと」を見つけ出してきた（学生が参考にした偏愛マップには「weeks」という手がかりの言葉があった。つまり「毎週やっていることとは？」だった。偏愛マップには、書く人に合わせて「好きなこと」をマップ化する時のヒント（言葉・絵）が様々に工夫されている。この学生はこの「weeks」というキーワードをもとに自分の「好きなこと」を探し出してきた）。

学生の発見した「好きなこと」は漫画本を読むことだった。

自宅の本棚には漫画本がギッシリ詰まっているという。

「その漫画本はどういう風に読むの？」

「第一巻を買って読みます。読み終わったら姉とおしゃべりします」

「お姉さんもその第一巻を読むんだ？」

「二人とも読みます」

「お姉さんとはどこで話をするの？」

「食卓でやります。横に座って、『どうだった？』とかしゃべります」

「何分ぐらい話をする？」

「五分…ぐらいかな」

「それで終わり?!」

「最後に続きを買うか買わないか決めます」

「二人で相談するんだ。お金は2人で出し合うの？」

「全部姉が出します(笑)」

「そういうの、どのくらい続けてますか？」

「七年…ぐらいかな」

こうやって好きなことの中身を炙り出していく。話をしながら「好きこと」が「くり返し行われているか」「言語活動が行われているか」（一人での内言活動も含む）などを確かめていく。同時に、その言語活動が「どんな学びのしかけを持っているか」を吟味する。

学生が無意識に行っている学びのしかけを言葉にしていく。

上の例では、学びのしかけを次のように整理した。

- 一冊目の漫画本を二人でそれぞれに読む。
- 二人が読んだ漫画本をあれこれ熱く語り合う。
- 「続きを買うか？」を二人で判断をする。

このように整理して、「つまりこういう言語活動をしているよね」と自分の体験を確かめてもらう。その場で、自分の過去の体験を確かめて、この整理で間違っていないかどうかをていねいに吟味してもらう。間違っていなければ、授業の活動イメージが浮かんでくる。

その際、吟味は「好きなこと」をする学生本人にしかできないと強調する。

ちなみに、この「くり返し行う好きなこと」には安定した構造がある。安定した構造の中には「学びのしかけ」があると言ってよい。

たとえば、上記の例であれば、ただ「熱く語り合う」だけではなくて、「続きを買うか」の判断をする。その本を買うお金を出すのは一貫して姉である。本は借りるのではなく買うことがポイントである。その買った本は本棚の中に奇麗に並べられていくことになる。

この「続きを買うか」の話し合いが「weeks」で続けられているのである。この「安定した構造＝学びのしかけ」が好きなことを連続させる。

ここまで明らかになれば、活動を中心とした授業づくりはほぼ完成である。学生は気づきの笑顔を見せて、表情にも自信が出てくる。あとは日常の中に埋め込まれていた学びのしかけを授業という（時間的空間的）制約の中に移し変える時の不安はないかチェックする。

それが「創造的な調整＝授業への落とし込み」という最終の作業になる。

調整は学生に不安を聞いて、授業づくりの支援者であるわたしがアイデアを提案する。そのアイデアでよければ、授業づくり面談は終了である。ちなみに、上記ケースで出された不安は「同じ本を読む状態を授業内でつくり出す時間があるか」であった。わたしは「事前にペアを決め、ペアごと同じ本を読んでくる宿題を出す」というアイデアを提案した（実際の授業では、学生は、全員に同じ漫画本を指定して、読んでくるという宿題を課す方法を採用した。ペアでそれぞれの漫画本を読むよりも、ゼミ生全員が同じ本を読むことの方を授業者は選んだということである。これは授業者学生の方法要素選択であり、こだわりと言えるだろう）。

(二)T・Kくんの「つば九郎に自己紹介！」の集団的な授業づくりで得たもの

理想の授業づくりを本格化する前の授業に「つば九郎に自己紹介！」があった。

自由なテーマで授業プランを持ってきてもらっていたころの集団的な授業づくりである。

T・Kくんが持ってきた授業プランは「まず子どもたちに自己紹介のスピーチ原稿を書いてもらう。次にそれに基づきみんなでスピーチをする」という素朴な授業プランだった。正直に言って、あまり授業づくりとしての面白みが感じられないプランだった。

「なんで自己紹介という授業にしたの？」

「いや、あの……。教科書にあったから」

確かに自由な授業プランでよいとは言ったけれど、単に教科書に載っているからやるという自己紹介スピーチの授業では、学習者の自発性をスポイルするなと感じた。

この点をT・Kくんにごく率直に話させてもらった。そのうえで、「キミには何か好きなことがないの？」と質問した。

T・Kくんはしばらく考えてから「つば九郎」と答えた。

わたしはその時点で「つば九郎」をまったく知らなかった。T・Kくんはその後卒業論文で「少年野球指導の日米比較」を選んだほどの野球好きだった。特にヤクルトスワローズが大好きで、「つば九郎」はそのヤクルトスワローズの人気マスコットキャラクターであった。

彼に「つば九郎とは何者か」の話を聞かせてもらった。

聞いているうちにだんだん面白くなってきた。

「だったらそのつば九郎がキミが教えている教室にやってくるという設定はどう？そこでつば九郎好きなキミが子どもたちに自己紹介を教える、きっとすごく面白い授業になるよ」とやや一方的な話をした。T・Kくんは渋々だけれど、このアイデアを受け入れた。

わたしは「つば九郎が教室に来るという設定さえ整えれば、あとはキミが持ってきた通りの授業プランで大丈夫だから」と言ったように覚えている。「つば九郎来校」というアイデアにすっかり舞い上がっていた。そして実際、授業はとてもうまくいくことになった。

彼は授業でつば九郎人形のようなものを持ち出して授業を盛り上げた。つば九郎の声音《こわね》を使って「つば九郎来校」のリアル感を演出した。

この「つば九郎に自己紹介！」の授業で、今でもはっきり覚えていることは、生徒役学生に自己紹介スピーチの原稿を書いてもらっている間、授業者のＴ・Ｋくんが「つば九郎来校」を歓迎するメッセージを黒板いっぱいに書き始めたことである。さらには折り紙をハサミで切って、折り紙の輪飾り（輪つなぎ）を一人でもくもくと作り始めたことである。手先があまり器用とは思えないＴ・Ｋくんの輪飾りにわたしは感動した。そして授業づくりにとってとても大事なことを発見したと思った。

ヒットポイントとしてわたしは授業の真正性を考えていた。

真正性はプロジェクト学習などでよく言われていることで、学習者が「真正（authentic）な課題」に取り組むことが鍵になるという考え方である。形式的に講義を聴いたり、ままごとのような体験学習に取り組むのではなく、本物の問題を体当たりで学習するということである。ただし「何をもって真正と見るのか」は議論の余地がある（参考：山内祐平・森玲奈・安斎勇樹著『ワークショップデザイン論―創ることで学ぶ』二〇一三、慶應義塾大学出版会）。たとえば、この「つば九郎の来校」とその歓迎もままごとのような設定と言えば言えなくもない。しかし、「つば九郎来校」としたことによって、授業者Ｔ・Ｋくんの心に火が灯ったことは間違いない。またＴ・Ｋくんの心の火が板書メッセージや折り紙の輪飾りを通して、学習者の心に火を灯したとも言えるだろう。

たとえば、役者さんがお芝居をする時の本気度・エネルギーのようなものがお客さんを巻き込んで、芝居のテンションを上げていくことがある。理想の授業づくりでは、環境問題、貧困問題に取り組む、というような意味での真正性はないが、授業者学生の本気度・エネルギーが作り出す「世界観」が学習者のエネルギーを動かすということはよくあることである。これをゲシュタルトの言葉で言い換えれば、「感情は感染する」ということが言えるだろう。

理想の授業づくりでは「好きなこと＝くり返し行う言語活動」を発掘する。好きなことを発掘することによって授業者学生の「熱」を発見する。それがこの「つば九郎に自己紹介！」で発見したことである。

(三) デューイの「経験の連続性」の原理で考察する

伝統的な学校教育における「教育」では教室で教科書の説明を受けて理解して覚える。その覚えたことを積み上げることによって「教育」が達成されると考えられてきた。教科書のなかに書かれた正しい知識や技術を理解し、それを蓄積していって、それを応用する。

教員養成などのプロフェッショナル教育でも同様に考えられてきた。ゆえに大学教育においても、その後の現場の新人研修においても、正しい知識（モデル）や技術の伝達ということに焦点が当たっていた。学生や新人教師の授業づくりの教育においても正しい授業のスタイルや教育技術、あるいは、背景となる教育理論を教えて、それを理解して覚えることが目指されていた。それを蓄積していったら応用可能になると考えていた。

教育実習や新人教師としての授業トレーニング（ＯＪＴ）ではそうやって覚えた授業パターンを目の前の子どもたちに適応してみて、少しずつ修正を加えていく。最大の修正ポイントは、子どもたちの状況把握（全体的・局所的把握）とそれへの対応である。

授業検討会では状況把握の不足部分を少しずつ指摘して鍛えていく。新人研修などでは状況把握とその対応策が項目化されている。管理職や指導教員によってそのチェックリストが厳しく点検される。基本にあるのは「正しい」知識と技術。その理論である。

しかし理想の授業づくりでは、これとは異なる考え方をする。

理想の授業づくりのベースになっている教育の考え方はジョン・デューイの「経験の連続性」という次に述べられた原則である。

あらゆる経験がある種の好き嫌いをひき起こすことによって、あれこれの目的に適った行動を容易にしたり、困難なものにしたりする。しかも、このことによって、更なる経験の質を決定するうえで役立つような態度について、よかれあしかれ影響を及ぼすことになる（市村尚久訳、『経験と教育』講談社学術文庫、二〇〇四、五〇頁）。

デューイはこれに続く文章で「ある人が教師になろう」と決めた時の変化について次のように述べている。「その人はある一定の条件に対しておのずから、より敏感になり、いっそうの反応をみせることになる。そして、もしその人が別の選択をしていたならば、刺激をしてくれたであろう自分の周囲の事物に対しては、比較的無感覚になってしまうことになる」（同右、五二頁）。

わたしが着目したいのは「敏感」と「無感覚」を分かつもののことである。

二〇一三年、「新人教師はどのように授業を体験しているか」の研究で、わたしが発見したのは正にこの二つを「分かつもの」であった。その時わたしはそれを「理想（こだわり）」と呼んだ。「理想（こだわり）意識」の働いている授業部分はよく見え、よく記憶され、そこに働きかけることができるが、そうでない部分は「暗黒」になってしまう。「暗黒」の部分について語り合うのではなく、理想（こだわり）によって光の当たった部分について語り合うと、自然と「暗黒」との境界線上にあるものが少しずつ意識上にのぼってくるようになる。

この「分かつもの」は、初めて授業づくりをする学生では何になるのか。もちろん「理想（こだわり）」であるが「好き嫌い」でもある。

理想の授業づくりでは学生の「理想（こだわり）」を「好き嫌い」の形で意識化させる。自分の経験のすべてをふり返ってもらい、その中にある「好きなこと」を取り出す。そういう「好きなこと」を「学習活動」教材として取り出し、授業の中核的要素に据える。

このように授業づくり経験の導入として理想の授業づくりを行うことで、どんなメリットが生まれるかというと、以下のことが起こってくる。

・授業づくりの目的に適った行動を容易にする
・授業の準備にイメージが湧く。
・授業中の指導言（指示・発問・説明）が自然に出る。
・学習者のようすがよく見える。
・自然な言葉かけができる。
・楽しく授業ができる。

・経験の質を決定するうえで役立つ態度を鍛える
・授業全体のイメージが鮮明に記憶される。
・学習者の具体的な発言をよく覚える。
・学びのしかけの理解が深まる。
・周辺的方法要素が身につく。

何より一番のメリットは「好きなこと」を授業の中核的要素として授業することによって、学生の学びにメリハリがつくことである。好きの意識化は「理想（こだわり）」に影響する。理想（こだわり）による省察が始まる。意識的な図の学びが増えていく。

デューイは「教育者が、未成熟な者が経験するうえでの条件を組織するのに力を貸さないようでは、その教育者のもつすぐれた洞察力を投げ捨ててしまうことになる」（同右、五三頁）という。

正しい知識（モデル）や技術の伝達、理論の指導も当然必要である。しかし、同時にそれを実感として感じさせる真正性のある授業づくり経験の組織化が必要であると考える。

九　理想の授業づくりから授業スタイルづくりへ

(一)　ライフヒストリー・アプローチから授業づくりを考える

一九八〇年代後半から一九九〇年代前半にかけて、若手教師を中心にプロフェッショナルとしての教育技術を発掘・開発する「教育技術の法則化運動」が起こった。特徴の一つとして、一時間の授業を骨格とする指導言（教育技術）を中心に記録し、その記録をもとに追試をし、プロフェッショナルとしての授業づくりの上達を進めていくことが大成功を収めた。

追試のできる一時間の授業記録づくりが多くの若手教師の課題となった。当時ある研究者は、「一時間の授業記録の中に授業のすべてが詰め込まれている。その記録を緻密に検討することによって、授業に関わるすべての問題があらわれてくるだろう」という趣旨の発言をした。その後、一時間の授業記録を積み上げ、単元の授業記録づくりも行われるようになるが、一時間の授業づくりが認識の基本枠組になっていたことは間違いない。

この「一時間の授業づくり」を起点とした研究法に対して、「ライフヒストリー・アプローチ」と呼ばれる研究法が徐々に台頭してきた。「教育技術の法則化運動」が現場教師を中心とした実践研究だったのに対し「ライフヒストリー・アプローチ」は研究者が中心になっていた。このライフヒスリー・アプローチは一時間の授業では捉えきれない何事かを捉えようとしていた。一時間より長い教師のライフヒストリーを意識した枠組として「授業スタイル」という概念が提案されるようになる。「授業スタイル」とは「その教師が授業を構想し、教材づくりや授業を行う際に見られる特徴のある『一貫性』」「その教師らしさ」（森脇健夫）である。

森脇氏は、この概念を河崎かよ子氏の授業づくりをもとに次のように説明する。

彼女は、社会科の授業をつくろうとするときに、まず「その筋の専門家」を探し出す。その嗅覚と人間関係づくり、そして良い関係を維持する心遣いには常に驚かされ続けた。その嗅覚に関しては次の言葉がふさわしいと思うが、その筋の専門家を「いつのまにか」、探し出してきてしまうのだった。私もそのフィールドワーク（野辺山の野菜づくり）に同行させていただいたが、現地で野菜農家に飛び込みで話を聞きに行く、その日泊まり込んで朝の出荷を手伝う、その後も交流を続け何回も訪ねる、というのが彼女のやり方だ。滋賀県安土町の米作り専業農家、佐久のリンゴ農家、野辺山の野菜農家、沖縄の平和運動家、彼女の教材研究は、まずは現地に出かけ、その人の話を聞くことから始まった。（略）

河崎の授業づくり、そして授業の展開の基本的な筋は、子どもたちとその「人」との対話である。一般的な状況の説明とその人のやっていることを説明した後は（子どもの疑問・質問―その人の対応）という形で展開していく。子どもの質問は、行為・行動の意図から総体としての行為の連鎖の意味、生き方（哲学）まで及んでいく。子どもたちの質問はほかならず河崎の聞きたいことである。

河崎の授業づくりのすべてが右のような過程をたどるわけではないが、やはり社会科の授業における「河崎らしさ」は「語り手」としての「人」の登場にある。私はそれを「授業スタイル」と呼んできた（グループ・ディダクティカ編『学びのための教師論』「教師の力量としての授業スタイルとその形成」森脇健夫、二〇〇七、勁草書房、一六九－一七〇頁）。

こうした授業づくりの「その人らしさ」は多くの著名実践家に指摘することができる。たとえば、森脇氏が、社会科・総合学習に限定して挙げている例でも、有田和正氏、築地久子氏、山本典人氏、木幡肇氏などなど。では、こうした「その人らしさ」（授業スタイル）は、少数の特徴ある教師以外の大多数の教師にとって関係ないことかというと、「すべての教師は濃淡の差はあれ授業スタイルをもっているものと考える」という。「教える経験の少ない実習生においても、授業スタイルの萌芽を見ることができる」として、中学校国語の授業において、魯迅の「故郷」の授業づくりで「纏足《てんそく》」という実物探しにこだわった学生を紹介する。

この学生における「授業スタイル」の形成について次のような議論をする。

こうした「こだわり」が授業スタイルを形成していく。今はまだ断片的な「実物へのこだわり」だがそれが、体系性や系統性を持ち始めたら、それはすでに授業スタイルと言ってよいのではないだろうか。おそらくその際には「実物を教室に持ち込む→授業が沸く・子どもが集中する」といった経験が「こだわり」をより強化したり、その使い方によっては子どもの意識が授業の筋からそれていってしまう経験が「こだわり」を修正したりもするだろう。最初は教科書を使ったいわゆる定型的な授業の中で、なんとか生徒をひきつけようとして考え出された工夫だが、それが「こだわり」として成長しやがては定型的な授業の枠を打ち破っていく、成長途上の「こだわり」ならば、自ら自分を成長させようとする意志やよりよいものを希求する願いを持っている教師ならば、どんな教師でも持ちあわせているのではないだろうか（同右、一七一－一七二頁）。

森脇氏は「こだわり」が核となり、実践的経験の中で得た実践知・技術知を構造化しながら「授業スタイル」を形成していく、こうした「こだわり」の成長プロセスを教師の力量形成と言ってもよいだろうと提案する。この森脇氏の考え方を学生の授業づくり支援に応用した形になるのが理想の授業づくりである。「こだわり」（好き）にこだわることが支援の大きな鍵になる。

ゼミ学生と「自由な」授業づくりをしていた時には、学生の持ち込む授業プランに森脇氏の言う「こだわり」をなかなか感じられなかった。もちろん強い「こだわり」の感じるプランもあったが、ごく稀であった。わたしが本格的に「こだわり」に着目するようになるのはゲシュタルトについて実際に学び初めてからである。「あなたのことが本当にわかるのはあなた以外にない」というゲシュタルトの基本態度と「こだわり」発見のヒントを得てからである。

(二)　S・Tさんの「理想の授業づくり」から「授業スタイルづくり」へ小さな歩み

S・Tさんの理想の授業づくり（二〇分）は大学の理科実験室で行われた。テーマは「絡み」コミュニケーション。教室や職場以外の場で年上の知人と出会った場合の挨拶とそれに続く「絡み」（学び）コミュニケーションである。S・Tさんの大好きなシチュエーションである。そのS・Tさんがゲスト・

ティーチャーとして選択した「年上の知人」が理科教育のK先生だった。「K先生は非常に喋りやすい、私の知り合いの中でも一番の『絡みの達人』」だったからである。

授業では、ゼミ学生たちが一人ずつ理科室前方にたたずむK先生のところに出かけて行って挨拶とそれに続く「絡み」コミュニケーションをする。その学生とK先生との「絡み」コミュニケーションが終わると、S・Tさんがさっと近づき、いま行ったばかりの「絡み」コミュニケーションについて一対一で学生とふり返りをする。つまり「絡み」コミュニケーションについて「絡み」コミュニケーションでふり返るちょっと独特の授業のやり方であった。

通常のゼミ授業では体験の後に全体でふり返りをするケースが多い。しかし、S・Tさんのふり返りは体験直後に一対一でやるところに特徴があった。ゼミの学生たちは，そのやり方に「素直な感想が言えた」「感じたことをそのまま話せて新鮮だった」「終わってすぐ自分のところに来てくれて、安心感があった」「『良かったよ！』や『流石！』と言ってもらって嬉しくなった」という声が多かった。

S・Tさんの授業がなぜこのような「絡み」コミュニケーションづくしの授業になったのか。もちろんS・Tさんの「好きなこと＝こだわり」が「絡み」コミュニケーションにあったからである。ただしS・Tさんが「理想の授業づくり」面談に持ち込んだ最初の「好きなこと」は「絡み」コミュニケーションではなくて、「英語活動をやってみたい！」だった。

「国語じゃなくて、英語活動の授業をしたいんですが、ダメですか」
「英語活動の授業でもいいよ。キミが好きでやっている英語活動はどんなこと？」
「（しばらく沈黙）大学の英語の先生なんかには廊下でよく話しかけます」
「挨拶をするということだけじゃなくて？」
「挨拶だけじゃない英語の絡みもやりたいので、先生のこと―家族のことや好きな食べ物のこととか調べておいてそれについて話します。わたしが海外とかに旅行に行ったりした場合は、ちょっとしたお土産を買ってきて、それを渡しながら旅行先のことを話します」

「それって毎回のようにやるの?」

「毎回のようにやります」

「じゃあ、それを授業にしたらいいよ。どうですか?!」

「いいですねえ。面白いです」(笑顔)

S・Tさんの顔に心の中に気づきが生まれた時に起こる独特の笑いが浮かんだ。

この「独特な笑い」は横浜のゲシュタルト・セラピスト養成講座に通ううちに発見した「こだわり」発見法の一つである。この学生に起こる「独特の笑い」が意識できるようになると、学生の中の「こだわり」「こだわりの学び」を引き出すことがやりやすくなった。また、この「独特の笑い」は、池見陽著『心のメッセージを聴く』(講談社、九頁)にも見つけることができた。池見氏のフォーカシングのワークショップに参加して、短いフォーカシングを体験させてもらったが、その時も「独特の笑い」の存在を確認することができた。

S・Tさんが「笑い」を見せた後は理想の授業までは一気呵成であった。

英語の先生をゲストティーチャーにしてやりたいけれども、必ずしもゼミメンバーが英語に関心を持っているとは言えない。同世代学生をゲストティーチャーにするのにはS・Tさんが好きなコミュニケーションとは少しズレる。あれこれやりとりしていくと、S・Tさんの好きなことは「年上の人とやる『絡み』コミュニケーション」であるとはっきりした。

S・Tさんは授業リフレクション記録のコメントに次のように書く。

「(「絡み」の達人の)K先生をお呼びすることで、自分は教師サイドに立つよりファシリテーターに近い形で、ゼミ生たちの動きに注意をし、即効性のあるリフレクションを行うことで、自分もゼミ生も気づきが多かった」

S・Tさんの理想の授業「『絡み』コミュニケーション」はこれで一段落した。

ところが、そのS・Tさんが3年生なって、春休みに行った台湾旅行土産を持ってわたしに話しかけてきた。その時に「四月早々に市内に住む小学校の先生を呼んで英語活動についての自主勉強会をした」という話を聞いた。わたしはその話に強い興味と関心をもった。

その話の経緯はこうだ。S・Tさんは2年生の終わり、東北地区の学生対象の勉強会に参加した。そこで市内に住む小学校の先生と話をしていた。S・Tさんが英語活動をもっと勉強をしたいと話をすると、『仲間のO先生が英語活動を熱心にしていて、もしかしたら勉強会講師をしてくれるかも知れない』と言う。すぐその場からO先生に電話をして、英語活動の勉強会の講師をお願いすると快諾を得る。会場準備をして、学生の参加者を集め、偶然にも現場の先生たち二名も参加してくれて、十人ほどの小さな勉強会が成立した。

その話を、聞けば聞くほど、この勉強会はS・Tさんの「理想の授業づくり」の延長線上にある「こだわり」の授業であると思った。S・Tさんはこの勉強会づくりを成立させる過程で自身の「絡み」コミュニケーション好きを遺憾なく発揮していた。つまり勉強会づくり自体がS・Tさんが最も得意とする「絡み」コミュニケーションの成果だった。勉強会でも集まってきた学生たちが聞きたい話を聞ける限り聞くというS・Tさんの大好きな学びを行っていた。この勉強会づくりには、S・Tさんの授業スタイルの萌芽を見ることができた。

この話を聞き、わたしはすぐに、S・Tさんに、その勉強会の話をわたしの講義の中でしてくれるようにお願いした。まず一〇分間の勉強会の紹介プレゼン。次の一〇分間は勉強会に参加をしていた学生メンバーと彼女のトーク（「絡み」コミュニケーション）を行うことにした。この対話トークの案がまとまった時、S・Tさんは「面白そうです」とニッコリした。

最初の一〇分間の勉強会紹介のプレゼンも良くできていたが、それ以上にその後のトークが講義に参加していた一つ下の学生たちに大きな刺激を与えることになった。そこにS・Tさんの「こだわり」の「授業スタイル」の萌芽・プロセスを見ることができたと思った。

理想の授業づくりは授業者の好きな（よくやる）ことをみんなで体験して、それをふり返ることでその体験の意味・価値を学ぶという授業である。「教科書の教え方を学ぶ」授業づくりトレーニングとは異るが、Ｓ・Ｔさんのように「理想の授業づくり」で発見した「こだわり」を少しずつ発展させていくことで「その人らしさ」のある授業スタイルを創り出していくことにつながっていく。理想の授業づくりでは授業づくりのプロセスの中で自分がそれまで十分に意識をしていなかった自身の「こだわり」発見のプロセスが生まれると言えそうである。

（三）「授業スタイルづくり」と「中核的教育方法」

理想の授業づくりを整理してみると、アプローチとして以下の三つを行っている。

（ａ）……理想の授業づくりでは「好きなこと＝くり返し行う言語活動」を発掘する。
（ｂ）……理想の授業づくりでは「学びのしかけ＝学びを促進するルール」を発見する。
（ｃ）……理想の授業づくりでは「創造的な調整＝授業への落とし込み」を共創する。

この「理想の授業づくり」のもともとのアイデアとして森脇健夫氏へのインタビューがある。教育雑誌『授業づくりネットワーク』（二〇〇九年六月）の「授業スタイルと教師の力量形成－森脇健夫氏に聞く」である。このインタビューで森脇氏は次のように語っている。

> たとえば、学生でも授業づくりをする際に、こだわりを持つ学生がいます。ゲームにこだわったり、ものづくりにこだわったり、実物資料にこだわったりします。これはかつて自分がピンときたり、いまこだわりを持って取り組んでいる何かだったりします。これがあることが大事です。（中略）
> 学生でも若い教師でも、こだわりを持つことはできます。誰でも持っていると言えます。それを授業づくりの中に持ち込

んでくるかどうか。それが授業スタイルの芽になります。こだわりを持ち続けられるかどうかがポイントです。（七－八頁）

ここで森脇氏が言っている「授業づくりの中に〈こだわり〉を持ち込む」ことを集団的な授業づくりの中で実現したのが「理想の授業づくり」である。ただし森脇氏が「ゲーム」「ものづくり」「実物資料」として例示するのは、学生の被教育体験、あるいは、授業実践記録などの中から学ばれたもののようである。こうした追試的な発想による〈こだわり〉探しは「自由な」授業づくりの中でくり返し行ってきたが、うまくいかないことが多かった。

たとえば、森脇氏がいう「ピンとくる」は、確かにわたしが指導を行った学生たちにもあったが、実際に授業をつくり始めてみると、本当にコレでうまくいくかどうか、という不安が大きくなる学生もあった。理想の授業づくりの観点からすると、「ピンとくる」は、必ずしも学生が「くり返し行う（言語）活動」ではないからだ。本当にそれで大丈夫かとなった時、根拠となるものを自分の中に実感として持つことができなかったのだろう。

また、「ピンとくる」学習が必ずしも「学びのしかけ」が十分理解できた「ピンとくる」ではないということがあるだろう。理想の授業づくりでは、好きなことの中にある「学びのしかけ」を探っていく作業をすることで、学生が「イメージが湧いてきた」ということを言うことがある。学びのしかけは「好きなこと＝くり返し行う（言語）活動」の中の学び促進要素をルールとして言葉化する作業である。この言葉化によって、それまで漠然としていた「好きなこと」の中の「好き」を生み出すしかけが学生の中に鮮明に見えてくる瞬間があるのである。

そして、「ピンとくる」を使った授業づくりは「ピンとくる」部分だけでは授業にならず、その他の技術要素との組み合わせによって授業が組み立てられるということである。「ピンとくる」は、その学びのしかけが十分にイメージを持てた最終段階において、授業という制限のある形に落とし込む作業が必要になる。それまでに「学びのしかけ」が骨格として理解できている学生であれば、最終的な授業化において、自分の「好き（内部）」と授業という「外部」を行き来して（シャトルして）、自分なりの「調整」が完了したか否かを判断できる。しかし「ピンとくる」の学びのしかけが見えないままだと、ピンとくる要素とその他の技術的要素がこんがらがって、うっかりすると授業が空中分解を起こすようなことも発生する。

　つまり学生が「授業づくりの中に〈こだわり〉を持ち込む」ためには、単に「ピンとくる」ものを、授業の中に持ち込むように促すだけでは不十分で、その「ピンとくる」の土台となる経験を検討することが必要ということである。この「ピンとくる」の土台となる経験が理想の授業づくりにおいて発見された「好きなこと＝くり返し行う（言語）活動」ということになるだろう。理想の授業づくりでは、学生の体験の中から「好きなこと＝くり返し行う言語活動」が発掘され、その「好きなこと」の「学びのしかけが」が言葉化されるなかでイメージが湧くと、学習者になる学生たちを刺激するような創造的な授業をつくり出すことができるのである。

　最後に、上記の森脇氏へのインタビューにも登場する藤岡信勝氏の論文「歴史の授業づくりの三つのモデル―久津見宣子・山本典人・有田和正の授業づくり―」（『授業づくりの発想』一九八九、日本書籍）に触れたい。なぜなら森脇氏の「授業スタイル」という概念はこの藤岡論文に「すごく影響されて」生まれているからである。藤岡論文は教師に固有の授業づくりを「信念の集まりとしての『観』」と「授業を構成する四つのレベル（教師が授業づくりで意識すべき『教育内容・教材・教授行為・学習者』の四つの問題領域）」を組み合わせて分析している。

　特に着目すべきは「教授方法選択の論理」の以下の教授方法要素の分類である。

この教授方法要素の分類を藤岡氏は次のような比喩を使って説明する。

懐中電灯で床を照らしてみる。中心にもっとも明るい部分がある。その周辺に、うす暗く照らされている部分がある。さらにその外側は、暗黒のままである。このように懐中電灯の光は、おおまかにいって三つの部分をつくり出す。懐中電灯をもつ人がちがうと光をあてる位置がかわり、したがって三つの部分の中身がかわってくる（一九一－一九二頁）。

この藤岡氏の比喩における懐中電灯は授業者の「信念（構造）」である。この信念によって、もっとも明るい部分が「中核的要素」（その教師がいつも意識し、主要に依拠して利用するもっともなじんだ方法）、中核的要素の周辺で薄暗く照らし出される部分が「周辺的要素」（教師がいつもよく使うわけではないが、必要に応じて使いたいと思い、また、使うことを悪いことではないと信じている一群の方法）、さらにその外側の暗黒のままの部分が「非使用要素」（絶対に使うことはないと考えられている方法群）である。この灯りの比喩が象徴的である。

授業者の授業スタイル形成において中心になるのは「信念（こだわり）」である。この「信念（こだわり）」が懐中電灯が床を照らすように様々な教授方法要素の中から「その人らしさ」のある教授方法要素を照らし出す。理想の授業づくりでは、その照明によって照らし出されるものを学生と共に精査する。まず懐中電灯がよく照らす場所はどこか。その照明の中核となる方法はどのようなルールを持っているか。その方法要素を中核として、授業を組み立てようとした場合、授業者学生には見えにくい薄暗がり（周辺的要素）で創造的な調整が始まる。

自分自身の「こだわり」をはっきりさせるためには、もっとも明るい部分の明るさの秘密を学びのしかけとして明確にする必要がある。しかしそれだけでは授業づくりは終わりにならず、授業を授業として成立させるための「外部」とのやりとりが必要になる。たとえば、S・Tさんの例であれば、自分自身が「絡み」コミュニケーションによってこれまで学んで来たということがはっきりした後は、その「絡み」コミュニケーションを授業として成立させるための、ゲストティーチャー方式の吟味作業である。ここで創造的な調整が図られるのである。この創造的な調整が図られると、その後の授業づくりはより「信念」（照明）にもとづく方法要素選びが加速することになる。つまりより意識的な方法要素の選択ができるようになるのである。

逆の言い方をすると、方法要素選択に着目することによって、授業づくりをする学生の「信念」（こだわり・強み）を掘り下げていく手がかりを得ることができる。信念をコトバにするのは非常に難しいけれども、ある方法要素を選ぶか選ばないかはほぼ直感的に表明することができる。授業づくりの支援者はそれを手がかりに学生の信念に気づくことができる。

第三章　理想の授業づくり：六つの可能性

一〇　理想の授業づくりは教師のこだわりを鍛える

(一)　教師の「理想（こだわり）」を鍛える

教育現場では授業観や児童観のような教師としての価値観（理想・こだわり）を鍛えることが大事だと言われてきた。たとえば、授業観、児童観がブレると、学級経営がうまくいかなかったり、授業がギクシャクしたりすると言われてきた。つまり教師の「理想（こだわり・価値観）」と「教育方法（の影響力）」の関係はそれなりに意識されてきたと言えるだろう。

しかし、そうした教師の「理想（こだわり）」をどのように鍛えるかについてはあまり議論されてこなかった。それは個々の教師が自らの授業づくり、教育実践をくり返すなかで自然に鍛えていくべきもの、あるいは研究授業の検討などを経るなかで徐々に鍛えられていくものと考えられていたようである。つまり個々の教師が個人で行うべきものと想定されていた。

少なくとも表立ってはそうであった。なぜなら教師の「理想（こだわり）」は教師の価値に関わることで、日本の学校教育の伝統では、価値教育は教育実践全体を通して行われることが普通だったからである。教師は自らの実践全体を通して「こだわり」を鍛えてきた。

大学でも特定の科目で教師の「理想（こだわり）」を鍛えるということはしてこなかった。そんななかで、わたしは以前から「アクティビティ（学習活動教材）のランキング」その他の形で、学生たちの「理想（こだわり）」を鍛えるための実験的ワークショップを行ってきた。

たとえば、以下がピラミッドランキングによるワークショップである。

(a)……学生が作成した六枚のアクティビティを記したペーパーを配布する。（ペーパーにはそれぞれねらい、方法、出典が明記されている）。

(b)……ペーパーを読んで六つのアクティビティを個人でランキングする。（上位一つ、中位二つ、下位三つとピラミッドを作り出す）。

(c)……六人～八人のグループを作って、各グループのランキングを話し合う。（多数決やジャンケンで決めることはせずに、話し合いで決める）。

(d)……グループで作成したランキングを板書して、一位の理由を発表する（発表された理由をナンバーリングして板書していく）。

言うまでもないが、ランキング（価値の順序づけ）に正解がある訳ではない。

大事なのは個々の学生がこれまで学習者として意識せずに行ってきた「このアクティビティはよい、このアクティビティは物足りない」という判断を、教師として、それを使う側に立って順位をつけ、その理由を考えることで自分の価値の軸をふり返ることである。具体的には自分が一位に上げたアクティビティの理由を考えることである。

たとえば、学生からは次のような理由が挙げられる。

・とにかく楽しそう／・基礎力が確実に身につく／・思考力やコミュニケーション力が育てられる／・子どもたちが楽しく学べる／・協同的な学びになる／・創造的である

これは大学2年の授業で行っている。自分の学習者としての感情を率直に理由として出してくる学生、大学の授業で学んだ流行の授業目標を理由にする学生、教員志望を決めたときに憧れていた先生の授業のよさなど。ぼんやりではあるが、自らの価値の軸が浮上してくる。

この価値軸をもとにしてグループ・ディスカッションに参加することになる。

ここで多くの学生たちが驚く。自分が上位にランクキングしたものを別の学生が中位・下位にすることがよく起こるからである。グループのランキングをするのに多数決やジャンケンが禁止されているので、自分なりのランキングの理由を話し合う。うまく話せる場合もあれば、うまく話せない場合もある。この段階では多くの学生はモヤモヤするようである。

モヤモヤしながら決めたグループのランキングを全体の場に発表する。ここでまた小さな驚きが起こる。グループで決めたランキングとはまったく異なるランキングが他のグループから報告されからである。また同じランキングでも理由がまったく違っている。

驚きつつ板書されたものと自分が最初にランキングしたものとの比較を行っていく。

学級経営や授業を影響力のあるものにしていくには教師としての価値（理想・こだわり）を鍛えることが必要である。指導にブレがなくなるからである。働きかけも一貫するし、対応の仕方も安定する。教師の価値観が明確になることで子どもたちの不安感も小さくなる。

もちろん、この一回のランキングで価値観が明確になるという訳ではない。しかし、自分の理想（こだわり・観）を意識するきっかけにはなる。

このランキング活動をきっかけに「では自分でこれが一番と思うアクティビティを発掘・開発してみよう！」と呼び

かける。自分のこだわりのアクティビティを持ち寄って発表会をする。まずは持ち寄ったアクティビティをグループの中で実際に授業をしてみる。

そのグループ発表で多くの学生たちの評価を得た学生が全体発表をする。この全体発表では授業者学生に授業意図などをその都度インタビューする。全体の前でインタビューして、その場で教育方法要素と「理想（こだわり）」とのつながりの見える化をはかっていく。たとえば、グループワークの際の机間指導である。グループの間を均等に巡回する授業者学生が多いなかで、一つのグループに居座るようにグループの話し合いを見守っている授業者学生がいた。

インタビューをしてみると、一箇所で一つのグループを見守ったのは、少しずつ見て回ってグループ学習の進度や達成度を調整するより、一つのグループでもよいから教師が学習内容に深く入り込むことが教室全体の学びに意味をもたせると考えたからであると言う。その授業者学生は教師のそういう「深く学ぶべし」の振る舞いが全体の学びの深さにつながると確信していた。

教師教育ではこういう教師の「理想（こだわり）」を鍛える学びが重要である。

(二)　F・Tさんの「贈り物」の授業の違和感の正体を考える

F・Tさんの行った理想の授業づくりの核は「贈りもの（文化）」だった。大学二年生のゼミでの実験授業（二〇分間・以下、同様）である。F・Tさんが初めて作った国語科授業である。

この授業で特に注目したい点は教材である。教科書やテキストのようなこれまで学校教育の中で普通に使われていた教材とは違って、F・Tさんの「贈り物（文化）」という教材にはある種の違和感を持つのではないだろうか。しかしこの教材にはF・Tさんの「理想（こだわり）」が現れている。

以下の授業記録をそういう違和感を感じつつ読んでいただけると幸いである。

まずこの授業には次の宿題があった。（ゼミLINEに書かれた予告である）

今週「贈り物」の授業をします！

そこでみんなに宿題です。

私が2人ペアを組みます(相手は個別に伝えます)。その相手に、その人が特に喜んでくれそうなものを「贈り物」します。その「贈り物」をあらかじめ買っておいてください！

これがホームワークです。
＊「贈り物」＊
【一、相手を思い浮かべて?】

相手が何をあげたら喜んでくれるか考えて、少し時間をかけて選んでください!ここが大事です。

【二、三〇〇円以内】

みんなのポケットマネーですが、ご理解ください！

【三、どこでも】

選ぶ場所はコンビニでも、百均でも、どこでもOK!相手のことを思って選んでくれたらGOODです。


以下、この授業の流れをF・Tさんが初めて書いた授業リフレクション記録をもとに再現し、その後、教師の「理想(こだわり)」という観点からやや詳しく考察していく。

この授業に参加した学生数は男子十名、女子四名である（学習者は子ども役を演じるのではなく、あくまで大学生として参加するというルールで行われている)。


【導入：三分】

『みんな贈りものは買えましたか～?』

「は～い」

『今日は、ペアで贈り物をし合います。その後、二人でペアトークをします。贈り物をもらってみて、渡してみて、どんな気持ちだったかおしゃべりします』

【メッセージカード書き：五分】

『相手に向けたひとことメッセージを書きます。心を込めて書いてください。必ず贈る人の名前と自分の名前を書いてください』

「わ〜、クマのカード！かわいい〜！」

『何を書いたらいいか悩んでしまう人がいたら、〝これからよろしくね〟もいいし、〝あなたの○○がステキ〟と相手の良いところを書くのもアリです。〝〜な気持ちで選んだよ〟もＯＫ！』

「（静かに書き始める）」

「（スラスラ書ける人が多い）」

『（長く書いてくれる人がいるので）もう少し待ちます〜』

「（真剣な感じ）」

『（見守る）…そろそろ書けたかな？』

※想定外：私が書き方を促したからなのか否か（？）長めにスラスラ書ける人が多くてうれしい驚き。

【贈りもの交換：四分】

『では、贈り物をなるべく相手に見えないように、運んできてください。ごそごそっと…』

「ふふふ〜（にやにや）」

「これちょっと大きいな〜」

「小学生の女子みた〜い」

『贈り物を渡す時に二つルールがあります。一つ、相手の目を見て渡すこと。なるべく笑顔で。二つ、ひとこと言って渡すこと。カードに書いたことと同じでもいいので、とにかく言葉を添える。以上。どちらが先に渡すかジャンケンで決めましょう』

「じゃんけんぽんっ」

『じゃあ勝った方から。一人目、どうぞ〜っ！』

「ざわざわ（わくわくして、盛り上がる）」

「えっ！」「これ！？」

『次ニ人目も、どうぞ～』

みんなとにかく笑顔。盛り上がって各ペアの会話が聞き取れない。

『(耳を傾けながら見守る)』

※想定外：ペアトークを促す前にとても盛り上がってくれて、自然と話が弾んでいる。

【ペアトーク：五分】

『ちゃんと渡せたかな～?みんなすでに話が盛り上がってるけど、このままもう少しペアトークをしてみましょう。贈り物選びの裏話、素直な気持ちをもっと打ち明けてください！今までこんな贈り物のエピソードがあったよ！という人がいたら、それも話してみてね』

「(まだまだ話は続く様子)」

『(私もペアトークに混ざって聴く。質問もして会話の盛り上げを図る)』

※対応：ペアトークが始まる前に盛り上がってネタが尽きているかもしれないので、贈り物にまつわる過去の体験談もするよう促した。第三者としてペアトークに混ざることで、さらに会話発展につなげようと思った。

【締め：二分】
『みんな笑顔で盛り上がっていたので、とても良かったと思います。私は人を喜ばせることが大好きで、これを普段からやっています。日本の贈り物文化の良さをみんなが感じてくれたようなので、嬉しいです』

この授業の核（言語活動）は前述したように「贈りもの（文化）」である。

学級活動ではともかく教科教育では滅多に目にしない。しかし、この贈りものをするという言語活動はF・Tさんが日々行っている大好きなことである。ごく普通に行っていて、理想の授業づくりの面談の際，最初はまったく浮上してこなかった。しかし、一旦贈りものという核（言語活動）に逢着すると、F・Tさんは自分がそれをとても大切にしていることに気がついた。

F・Tさんは自分の言語活動を贈りものという考えを大切にしながら生きてきた。

ただし贈りものは授業の核（言語活動）としてはいかにも違和感がある。

この違和感がT・Fさんの理想の授業づくりを読み解く鍵になる。

結論を先取りして言うと、違和感の出所は、この授業づくりの核にF・Tさんの理想（こだわり）があるということだ。普通の教科書を基に考える授業づくりでは教科書あるいはそれに準ずる資料がメインの教材になっている。しかし理想の授業づくりでは学習者の「好きなこと（言語活動）」がメイン教材になる。いわゆる「授業っぽくない」授業（教材）になる。

しかし、こんなお楽しみ会のようなものが授業として成立するのだろうか。

ここで先に藤岡氏が歴史の授業づくり三つのモデルとして紹介していた小学校歴史教育の有名実践家三人の授業づくり（主な教授方法要素）を思い起こしてみる。

・久津見宣子…ものつくり
・山本典人……寸劇
・有田和正……意表をつくネタ

三人の実践家の授業づくりを教科書中心の授業づくりと比べると相当偏りがある。学級活動では行われていても、普通に行われる教科の授業づくりから見ると〈異形〉である。ものつくり、寸劇、クイズ（意表をつくネタ）。子どものためのお楽しみ会の題材のようにしか見えない。

この異形の授業づくりについて、藤岡氏は根幹に教師の信念があるとする。たとえば、久津見氏がものつくりの方法を自らの授業に導入するに際し、自らの信念ゆえに何度も授業の中で立ち往生し、その結果としてものつくりにたどりついたという。

つまり教師の信念＝理想（こだわり）が異形の授業、教材を生むのである。もちろん歴史教育の有名実践家と初めて授業をつくった学生の授業・教材づくりが同じであるなどというナイーブな主張はしていない。ただ理想（こだわり）を軸に授業づくり・教材づくりをしていくと、教科書どおりではない〈異形〉の授業・教材が出現するということである。

つまり異形とは教科書中心ではない授業づくりに伴う違和感のことである。

(三) 教師の「理想（こだわり）」の鍛え方

学生たちの「理想（こだわり）」の芽を教師の「信念（その信念の束である「授業観」）」に向けて鍛えていくためにはどのようなアプローチが可能だろうか。

まず冒頭で述べたランキングとそれに基づく教材発掘（部分的に開発）というアプローチがある。アクティビティのランキングとその後の「自分のこだわりのアクティビティ」授業コンクールを観察すると、学生たちが徐々に自分のこだわりに気づいていく様子が見てとれる。つまり複数のアクティビティ教材を検討することによって、自分は授業のどこにこだわりがあるかに気づかされ、次に「自分のこだわりのアクティビティ」を発掘（部分的に開発）する作業を通してこだわりの意識化が始まる。また代表学生によるアクティビティ授業を学習者、観察者として体験・観察するプロセスを通して、さらにこだわりが意識化される。

ただし、このこだわり形成は先行実践との偶発的出会いに大いに左右される。

アクティビティ教材の発掘過程で、たまたま「これが自分の理想だ」と思えるようなものに出会えると、協同的な学びの中での切磋琢磨（スタイル間コミュニケーション〔齋藤孝『生き方のスタイルを磨く―スタイル間コミュニケーション論―』（二〇〇四、日本放送出版協会）〕が発生し、それによっても、まだ大いに未成熟ではあるが理想（こだわり）の芽が形成され始めるのである。

では、理想の授業づくりでは理想（こだわり）はどうなるだろうか。

ここではアメリカの組織心理学者クリス・アージリスとドナルド・ショーンが『組織学習』という本の中で提唱した次の有名な概念をもとに考えてみたい。

・シングルループ学習……既に備えている考え方や行動の枠組みに従って問題解決を図る
・ダブルループ学習……既存の枠組みを捨てて新しい考え方や枠組みで問題解決を図る

まずランキングと教材発掘ではシングルループ学習になる可能性が大きいだろう。なぜなら教材が教科書に限定されるわけではなくても、書籍やインターネット上などで公開された教材が検討・発掘の対象になるからである。既につくられた教材について自分なりのこだわりと付き合わせて選択をし、それに多少の修正を加えていくという学習プロセスになるからである。

この学習プロセスでは徐々に自らの理想（こだわり）をつかみとる学生もいるが、大半の学生は教科書中心の授業観に準拠し、その枠内での教材づくりが工夫される。「普通の授業の導入部分にこうしたアクティビティもよいかも知れない」のように明言する学生もいる。

つまり既存の枠組みを捉え直すこともあるが、それは偶発的ということである。

これに対して、理想の授業づくりでは、自らの「理想（こだわり）」と正面から向かい合うようなアプローチになっている。学生は自分の「好きなこと」を探り、その「好きなこと」の中にある学びのしかけを意識化して、「好きなこと」を教授方法要素の中核とする授業づくりを体験することになる。不安要素の検討では従来の授業文化との間に創造的な調整を行うことにもなる。

もちろん、この理想の授業づくりにおいても、すべての学生がダブルループ学習をするとは言えない。従来の枠組みを強く維持したまま「好きなこと」をはめ込んで授業をつくり、授業の出来不出来に焦点を当ててリフレクションをする学生も少数ながらいる。一般的に不安傾向の強い学生の場合、従来枠組みにこだわる傾向にある。こうした学生の場合、理想の授業づくりだけではなく、理想の授業づくり後に行われる「協働的な授業リフレクション」などによって、少しずつ自らの「枠組み」「理想（こだわり）」と向かい合っていくように指導する。

ランキングと教材発掘が分析的で着実であるのに対して、理想の授業づくりと教材開発は、直感的（創造的）で飛躍的な方法と言える。実際の教師教育では大教室で行う講義授業の場合、学生たちと一緒にできることはランキングと教材発掘あたりまでであり、ゼミなどによる少人数の教師教育の場合においては理想の授業づくりと教材開発が行えるのではと考える。

ちなみに学生たちに授業づくりを教える際に、教科書どおりの普通の授業づくりをメインに教えるシングルループ学習戦略をとるか、「ランキング」「理想の授業づくり」のようなよりダブルループ学習になる確率の高い戦略をとるかは価値判断の分かれるところだろう。

しかしアクティブ・ラーニング導入などの大きな流れに見られるように、従来の授業づくりの枠組の中で創意工夫を繰り返すシングルループ学習だけでは、複雑で多様な教室状況を切り拓くような教師を育てていくことは難しくなっている。この点を考えるのであれば、仮に教科書を基にした教え方を採用するにしても、ランキングや理想の授業づくりのような「理想（こだわり）」を意識化させて鍛えることのできる要素も工夫する必要があるだろう。

一一 理想の授業づくりは教師の「見る」を拡張する

(一) 授業初心者は授業の何を見るように促されるべきか

教員志望の学生たちが授業づくりを学ぶ場合、教科書などのあるページを指定されて、そのページの内容を〈授業らしく〉プランに書き上げ、指導することが指示される。

その授業検討会で行われるのは、いわゆる「ダメ出し」である。

好き嫌いのない、教科書ページの内容を機械的に授業らしくする作業をすると、授業すべてが平板になってくる。そこに「ここはもっとこうした方がよかった」という素朴な指導（ダメ出し）が行われることによって、教員志望の学生たちの意識は完全にそのダメ出しされた指導内容（言葉）にコントロールされることになる。その言葉こそ授業づくりの指針になるとも言えるが、うっかりすると教条的な指針になる可能性が大きい。つまり応用可能性の小さな正解を手渡されて、実際の授業づくりをする際の現実対応力が小さいということである。

ゲシュタルトなどで言われる鵜呑みと呼ばれる現象が引き起こされる。ダメ出しは授業のうまくいかなさに強制的に目を向けさせる。うまくいかなさの傷にしつけの言葉を刷り込むのである。

ある意味よく練られた指導のしかけではあるが、この傷口にしつけの言葉を刷り込む方法はリフレクションの観点からすると、次への成長を阻む危険性の大きな方法である。

授業初心者の目は傷口ではなく小さな手応えに向けるべきではないか。

わたしが大学2年生を対象に行っている「指導法」講義では半期授業の後半に学生による模擬授業を実施する。この模擬授業は自分の「これが最高である」と思えるアクティビティを教育実践書やインターネット上から発掘・開発（＝修正追試）して授業づくりをする。

授業時間は一人わずかに一〇分で、授業後は次の三つのことが行われる。

・授業者学生は学習者、授業観察者の学生たちからファンレターをもらう。ファンレターは同じ学生仲間から見た授業者学生の授業の良さを指摘した応援メッセージである。ほぼ初めての授業であるから授業に拙さはたくさんある。しかし学生仲間に求められるのは良さの発見である。授業に参加する際に良さを意識して、授業を体験、観察すると、小さな良さをたくさん発見できる。仲間の学生たちはその良さをファンレターによって授業者学生に手渡す。

・その授業直後、指導者であるわたしからフィードバックを受ける。これもすべてがよさに焦点を当てたフィードバックである。わずかに一〇分という授業である。事前に一定の授業の準備をしておかないと授業コントロールは難しい。しかし、そうしたなか、仲間の学生たちでは発見しにくい、ちょっとした授業断片を取り出してその指導の良さを指摘する。たとえば、机間指導で積極的な言葉かけをしていた、板書音読をリズミカルにやった、学習者の質問を引き出して、その質問に丁寧に答えた、などという小さな良さの指摘である。

・その日発表をした授業者学生（三名）に授業直後のインタビューをする。インタビューの内容は「授業直後の感想」「本時授業のこだわりポイント」「こだわりポイントから見えたこと」の三点である。三人に教室の前に並んでもらって一問ずつ答えていってもらう。「授業直後の感想」は多くの学生が自分の授業のどこが拙かったかの反省の弁を述べる。ついついそうなる。しかし「本時授業のこだわりポイント」「こだわりポイントから見えたこと」を聞いていくと、少しずつその学生がその授業でこだわり、見ていたことが見えてくる。「反省の弁」のような、過去に教わった言葉を点検項目にした不十分さの列挙ではなく小さな手応えが出てくる。

このような授業後の指導によって出てきた授業者学生のコメントが次である。

「今日は模擬授業をやって反省点もあったが、机間指導がうまくいったと感じた。机間指導はするぞ！と意識してやってみたが、実際にやってみるとあまり固くならず自然に生徒とやり取りができたように感じた。やってみないとわからない自分の強みと出会えて嬉しかった」

「今でもドキドキしています。（冒頭の説明不十分のため）みんなが不安になっている授業をつくってしまったことは本当に残念でした。しかし、ちょっとした楽しさを最後には感じてもらえたかな…とは思ったので、これからの機会の中でも、良い点（ちょっとした楽しさを生み出した「リズミカルな板書音読」など）を伸ばしていけたら嬉しいので、模擬授業に積極的に参加したいと思いました」

「初めての模擬授業は反省点もたくさんありました。しかし〝ダメだった〟で終わりにするのではなく、上條先生も言っていたように、手応えを伸ばすことが成長につながると思いました。驚いたことは『（授業進行に）メリハリがない』ということを褒めてもらったことです。ずっと自分のだめな部分だと思っていたので、『質問しやすい雰囲気』だとプラスにとらえると、これも伸ばしていける部分かなと思いました。アドバイスありがとうございました」

授業初心者たちは授業の中の何に着目して見ることを指導されるべきだろうか。

従来の「ダメ出し」方式では、指導者が初心者学生のできていない部分に着目させることによって、正しい授業の指針を授業初心者に刷り込むという方式が行われていた。しかしこの方法では、格言のような正しい授業のポイントを覚えさせることはできるが、せっかく行った授業体験の中から、その授業で授業者が実感した良さを意識化させることができない。仮にこうしたダメ出しによる指導がないとしても、授業初心者の意識は、自らの良くない部分に向きがちである。そのことで自分の授業者としての強みを見落としてしまうことになる。これはいかにももったいない。その後の授業リフレクションにも良くない習慣を身につけてしまう。

授業初心者は授業の中の自らのこだわり、手応えにこそ着目すべきである。

(二) T・Iの「明るい気持ちにしよう」における教師の記憶力

理想の授業づくりをするようになって驚いたことは授業者学生が自分のしている授業をよく覚えていることである。たとえば、ストップモーション方式による授業検討会というビデオを使った授業リフレクションがある。なぜビデオを使うかというと、学生や若い教師は、直前に見た授業の細部についてベテランのようにはなかなか記憶することができないからだ。

授業者学生が緊張などのために頭が真っ白になるのはよくあることだが、そうでなくても授業者学生が授業の中の学習者の言動を覚えておくことはなかなか難しい。なぜかというとベテラン教師たちには授業定石が身についているために、定石に対する学習者反応、定石破りの学習者の反応などが記憶に残りやすいということがある。ところが教師志望の学生や若い教師にはまだそうした授業定石が身についていないために、真っ白なキャンバスに学習者の言動が一つずつ反応として見える程度、その言動に授業の中で必死に応答しようとしている授業者には、断片事実としての言葉、仕草・動作・姿勢だけが記憶として残るということである。

こうした一般的な傾向に対して、理想の授業づくりにおける授業者学生の記憶（短期記憶も、長期記憶も）は押し並べて鮮明である。たとえば、ゼミの理想の授業づくりでは一つの授業が二〇分で行われる。小学校の通常の四五分授業の半分程度であるが、学生たちに授業リフレクション記録を書いてもらうと、相当程度、再生することができる。授業の骨格となる指導言や学習者の主な発言だけでなく、学習者個々の細かな発言などもよく覚えている。

このことを特に印象的に理解したのはT・Iさんの「明るい気持ちにしよう」の授業だった。この授業では、授業前のゼミのチェックインで学習者役の学生たちの気分を知り、授業導入につなげた。机は端に寄せ、椅子のみ中央に集めて円形に座るという教室形態をとった。

以下、T・Iさんが書いた授業リフレクション記録をほぼそのまま引用する（表記に関する留意点として記録者から以下の点について特記があった。・枠囲みと『　』は授業者学生の発言、「　」はその他の学生である。・発言者を忘れてしまった場合は（　）として記号表記する。・それ以外の発言者は括弧内にイニシャル表記する。・発言は一言一句正確ではない。・会話の順番が前後してる可能性がある。

> Mちゃんと F と S はちょっとテンション低めかな？
> でも、今日の授業（を通して）で元気にしますね！私は、落ち込んでたり、疲れていたり、元気がない人を見ると、私が明るい気持ちにしてあげなきゃ！となり、おもしろいことを見つける頭に切り替わります。
> 今日は、私がみんなのことを明るい気持ちにするので、みんなも私と他のみんなのことを明るい気持ちにしてください！
> やっぱり、毎日楽しくて明るい気持ちだといいじゃないですか。

『ということで、今日はいい靴下を履いてきました！（靴を脱いでみんなに見せる）』

「（XX）何か書いてある（笑）」

『Have a good day 靴下です！』

「（X）何事かと思った（笑）」

『ということで、今日は明るい気持ちにしようという授業です。（ホワイトボードに紙を貼る）』

『私が靴下を見せたみたいに物を使ってもいいし、それほど楽しくないことでもものすごく楽しそうに話したりしてみるといいと思います。みんなを笑いの渦に巻き込んでやろう！という人は、ボケてもいいです！』

『私もここ（円形に作った座席の一つ）に座りまーす。私は、さっきの授業で鬼ごっこをしたのがとっても楽しかったです！（ごく普通のネタに学生一同ポカンとする）Sは何かいいことあった？（と隣の学生に質問する）（以下、右回りに発言していく）（一人一つずつ発言をするのではなく、不規則発言もありつつ発言がつながっていく）』

「（S）いつもミンティア二個持ちしてるんですけど、この桃味おいしいです！黄金桃」

「（H）おいしかった！」

「上條（手を差し出す）」

『話したいこと、出てきた人からどんどん話して〜』

『Mちゃんのそのピンクのタイツいいね！』

「（M）ちょっとなぜか、ここ薄くなってるんだよね（笑）」

「上條（写真を撮る）」

「（N）ひざ！（笑）」

「（H）Mの服、色違い欲しかった〜！買っていい？って聞いたらだめって言われた〜！」

「（M）（笑）」

「（H）SM2ってとこの服で、かわいいな〜て思った！」

「（F）あたしもそこで買う〜！」

「（T）Mちゃん、勝負服いっぱい持ってるよね」

「（X）その服、木（のよう）じゃん！（笑）」

「（X）でもFが着ても木にはならない（笑）」

「（T）MとしたLINEがおもしろかった〜！ふとんの中でLINEしてた」

「（M）これこれ！（とLINEを見せる）」

「（X）何その効果音（笑）」

「（H）ふとんの中でLINE、いいよね」

「（T）これはぶつけた音！」

『Nのそのパーカー、社割？』

「(N) GAPの社割で五〇パーセントオフでゲットしたパーカー!」

「(Y) Tの服は?」

「(H) ビックバード」

「(M) あのキャラなんだっけ?」

「(H) 今ビックバードって言ったじゃん(笑)」

「(M) ごめんごめん(笑)」

「(M) 私ドンキでバイト始めた!友達がドンキのハンバーグおいしいよねとか言い出してドンキとビクドン勘違いしたまま三時間くらいしゃべっててやばかった」

『この前Sからもらったクッキーにスヌーピーの絵ついててかわいかった〜』

「(X) 今度映画やるよね」

「(Y) I LOVEスヌーピー」

『詳しいね』

「(X) タイトル言っただけじゃん(笑)」

「(M) 授業で絵本作りしてるの!(絵を見せる)」

「(X) すごい!!!!」

「(H) 友達が色彩検定に挑戦してて〜」

「(上條) 奥さんが色彩検定持ってるんです。(みかんの皮むきアートの写真を見せる)」

「(M) 色彩検定やってみたいな〜!」

『Yくんは何かある?』

「(Y) 俺のリュックについてるゾウよくくね?」

「（上條）タイだからね。」

「（X）なんでゾウ？（笑）」

『さりげないおしゃれってやつか！』

「（Y）みんな恋愛してる？」

「（X）…Yくんは？（笑）」

「（S）友達がhair recipeの読み方間違って…(ホワイトボードにhair recipeと書く)」

「（C）もこみちのCM！」

「（S）そうそう。友達がヘアレサイプとか言うから、もう一人の友達がヘアレシピでしょって突っ込んでた。」

『そろそろ時間かな。みんな明るい気持ちになったかな～？(挙手)今日も一日楽しく過ごしましょうね！』


T・Iの「明るい気持ちにしよう」という授業はここまでである。

この授業では学生たちが明るい気持ちになりそうな他愛もない話を次々にしていくことによって温かい雰囲気の笑いをつくり出すという「第三世代」的な授業が行われた。

この「第三世代」的な授業を理解するには笑いについての若干の知識が必要である。以下、簡単に説明をしてみたい。

笑いには明石家さんまなどがやる爆笑ねらいの笑いづくりがある。これは、ぐっとためておいて、ドンと笑わせる。その緩急の差の激しいことがよいとされる。

これまでほとんどの芸人がこの爆笑を目指して笑いづくりをしてきた。だから芸人と言えば、声を張り上げ、テンションを上げ、ためとドンの緩急に命を捧げてきた。

しかしとんねるずやダウンタウン、ウッチャンナンチャンなどの第三世代と呼ばれる芸人はそれとは違う笑いのつくり方をするようになった。

その笑いは何より自分たちの面白いを優先する。結果的に爆笑になることはあるが、観客を爆笑させることを目的として積み重ねていくのではない。「自分たちが面白い」ということをまずは自分たちで喜び、それを見ている観客も共有して笑う。そういう面白い空気を楽しむ笑いである。（この「第三世代の笑い」の説明はラサール石井著『笑いの現場―ひょうきん族前夜からM‐1まで』二〇〇八、角川SSC新書による）。

T・Iさんの授業づくりとは、この「面白い空気」を協同的につくり上げるという授業である。

この授業づくりについてT・Iさんは以下のリフレクションを書く。

「明るい気持ちにしよう」となると、楽しい話しなきゃ！おもしろいこと言わなきゃ！と、どうしても気を張ってしまいがちになると思います。さらに「○○というテーマについて話そう」や「○○という言葉を使って話そう」など、明確な指示でなかったので話が進むか、盛り上がるかは、場の雰囲気次第だなとは思ってました。

なので、いわゆる授業っぽい雰囲気(挙手して発言、指名されたら発言)は固いからそうならないほうがいいよな〜、だったら普段の私のペースや話し方でいいかなと思い、時間の管理や、何も発言してない人がいないように注意はしましたが、あとは、あまりにも沈黙ができたら頑張って盛り上げようという程度の気持ちでいました。私自身が、極度に緊張したり気を張ったりしなかったので、みんな発言しやすい雰囲気を作れたかなと思いました。靴下の話で盛り上げる、鬼ごっこの話でこの程度の話でいいんだと思わせたのは、いい雰囲気づくりにつながった要素の一つだと考えます。

先生から「T・Iさんの話し方、雰囲気だと『明るい気持ちにしよう』と言われても力まないでできる、押し付けがましくない」と言っていただいたのが嬉しかったです。正直、自分のいいところをしっかり認めることができていないので、今日のリフレクションをきっかけに、自分の良さを客観的に見て考えて、伸ばしていければいいなと思いました。

今日は、その場で思いついたおもしろいこと、楽しいことを即興で話してほしかったので、事前に考えてきてもらうことはしませんでした。それで盛り上がるか、沈黙だらけにならないか心配でしたが、このゼミのメンバーだからこそできたと思います。

「面白い空気」の笑いは特定の人が面白話をしてウケるというだけではだめである。ネタが単発に出ても言葉のキャッチボールにならないからである。ウケたフレーズが出た場合には、できるだけそれを多用する。忘れたころにまたそのフレーズを持ち出す。明石家さんまなどがよく使うテクニックで、まわりの協力なしにはできない（前掲書、一一二頁）。

Ｔ・Ｉさんが挑戦した授業づくりは、正にこれである。それゆえ、場の雰囲気をどう創るかに、全力を注いでいる。授業っぽい雰囲気を嫌い、円形の場を作り、教師がよくやる声を張る話し方をせず、自分が面白いと思うことだけをぼそっと話す。そしてぼそっのリレーになるように次の人を促すと、自分は引っ込み、話を見守る側に回る。わたしの指摘している「力まないでできる、押しつけがましくない」話し方と雰囲気が重要だろう。しかもその話し方と雰囲気を保持しつつ、全体の時間管理や発言してない人がいないようにという目配りは怠らない。

全体がいわゆるストーリーのある話ではないために一般的には記憶に残りにくい。

しかし授業者学生はその他愛もない話をよく覚えていて記録しているのである。

なぜこうした授業記録が可能になったかというと、Ｔ・Ｉさんは、元々こういう「第三世代的」な面白い空気の笑いを普段からくり返し実践している人であるということが言える。Ｔ・Ｉさんは、よくいる「聞いて、聞いて」と仲間の学生に自分の面白話を披露して笑いをとるタイプではない。仲間の学生たちの中で、時々ぼそっと可笑しなことを言う。「天然」と呼ばれる場合もあるが、この面白い空気の笑いこそが、彼女の好きな、彼女の世界と言える。ゆえにＴ・Ｉさんはこの授業世界をよく生き、記憶することができたのである。

（三）見る目・記憶力・行為の中のリフレクション

あるＳＮＳサイトで教職系イベント参加直後の心の動きを素直に綴った教員志望学生のつぶやきを見つけた。若い教師たちの楽しいイベントはその学生を大いに刺激して意欲をかき立てた。

学生は胸を躍らせ、次への一歩を踏み出そう考えるが、その省察に失敗する。

その学生の心のつぶやきは以下の四段階に分かれていた。

（a）……大興奮
（b）……妄想（方向の定まらない思考）
（c）……自己否定
（d）……仮結論（既知への逆戻り）

D・ショーンはプロフェッショナルの特徴は「リフレクション」にあると看破した。リフレクションとは行為に関するふり返りである。リフレクションの上手な人が優れたプロフェッショナルであり、リフレクションの拙い人が未熟なプロフェッショナルである。

上記の学生のつぶやきの四段階はその未熟な典型例の一つと言える。

教職志望学生が授業づくりのような刺激的な経験をした場合にも、この学生と同様の大興奮・妄想・自己否定・仮結論という省察プロセスをたどることが多い。しかしこのプロセスでは次への一歩の指針を作り出せないために、新たな刺激としてさらなる経験が求められる。

そうしてリフレクション軽視と言ってよい「経験値神話」を発生させる。リフレクションはわたしの言葉で言うと「整理」である。学生、若い教師たちに見られる最大の弱点として経験の整理不足がある。授業づくりをした場合にそこには様々な刺激的要素があって授業者を興奮させる。強い感情を伴った刺激的要素が頭の中をグルグル巡る。方向の定まらない思考が巻き起こる。その思考の渦の中で「自分にはこの渦を収束できない」という自己否定が生まれる。授業づくりを体験する以前に持っていた既知の知識への逆戻りが起こる。

たとえば、心理学者のエリク・H・エリクソンの発達段階説によると青年期は「アイデンティティ拡散」という危機の時期と呼ばれている。自己の体験を「自分なりの統一的見方で解釈できない」自己否定が特徴であるという。上記学生のつぶやき（リフレクション）はそのことを想起させる。

感情を伴った刺激的要素が「方向の定まらない思考」を生み出してしまう。

しかしリフレクションが上達するとアイデンティティも安定する。自分の（授業の）優先順位をより自覚的に扱うことができる。

先にリフレクションを整理と呼んだのはこのことである。

授業リフレクションでは感情を伴った刺激的要素を腑分けし、様々な要素のうちどの要素が授業にとってより本質的か。一番大きな影響を与える要素は何で、それに続く要素は何であるかを探究していく。探究することによって当該授業者が授業の中で選択場面に遭遇した時に、どう選択するかという授業観（授業における価値のランキング）が安定していく。つまりこの価値のランキングの安定が授業での次の一手を確実にする。

こうした価値のランキングが安定することによって授業者は授業事実に焦点が絞れるようになっていく。ぼんやり見るのではなく、価値という照明によって教室の子どもたちの言動などがくっきり見えるように変化する。すなわちプロフェッショナルによる上手なリフレクションでは授業観による焦点の絞れたリフレクションがいつでも行える状態にあるのに対して、そうでない未熟なリフレクションでは見ることの焦点化が弱いために、授業づくりのような刺激の強い経験に対して、方向の定まらない思考が始まり、それが自己否定につながるのである。

では、理想の授業づくりでは、この焦点化がどのように変化するのか。

ここまでに、以下三つの授業づくりのパターンに言及してきた。

・教科書の指定された2ページのような教材を授業らしくする授業づくり
・自分がベストと考えるアクティビティを発掘・開発して試行する授業づくり
・自分が好きでくり返し行っている言語活動をもとに構成する授業づくり

この三つの授業づくりパターンは何によって分類できるかというと、授業者の価値関与度である。まず教科書の指定された二ページはたまたま指定されたのであって、そこには授業者の価値（こだわり）はほとんどない。授業要素はすべて等価値に並ぶ可能性が大きい（参考：松下佳代・京都大学高等教育研究開発推進センター編著『ディープ・アクティブラーニング―大学授業を深化させるために―』二〇一五、勁草書房、「関与の条件」エリザベス・F・バークレー）。

これに対して自分がベストと考えるアクティビティを探し出して行う授業づくりでは授業者学生の一定の価値関与が生まれる。事前にダイヤモンドランキングなどの活動を行うことによってその価値関与度はいっそう高まる。ただし直感によってそのアクティビティを選んだ場合には、その活動の細部についてまで価値（こだわり）が及ばないことがある。

しかし、自分が好きでくり返し行っている言語活動をもとに構成する理想の授業づくりでは、価値関与度が最大化する。もう少していねいな言い方をすると、活動細部にまでその学習者のこだわりが染みわたる。自分の好きなことをもとに授業づくりをすると、授業づくり初心者であっても、価値の優先順位が明確になった状態で授業をすることが可能になる。

理想の授業づくりの授業者学生にその授業が鮮明に見え、明確に記憶し、深くリフレクションを行うことができるのは、自分が慣れ親しんだ好きなことを土台に授業づくりをするために、価値（こだわり）の優勢順位が明瞭になって焦点が絞れた状態だからと言えるだろう。

ショーンはリフレクションについて「行為の中のリフレション」と「行為についてのリフレクション（行為の後のリ

フレクション)」を分類し、プロフェッショナルのリフレクションの特徴は行為の中のリフレクションがより的確に行えることであると議論している。この行為の中のリフレクションはこれまで学生のような授業初心者には難しいことと考えられてきたが、理想の授業づくりを行うことで、それを擬似体験することが可能になる。既に指摘したように理想の授業づくりを行うと、授業者学生は学習者の言動がよく見え、その場での授業修正がより的確に行えるようになる。さらには上記「明るい気持ちにしよう！」の授業リフレクション記録に見たように、より精度の高い授業記憶、授業記録が行われるようになるのである。

一二　理想の授業づくりは「学びのしかけ」を創り出す

(一)　教え導く教育学から学び支援の教育学への変化

編集代表をしていた教育雑誌『授業づくりネットワーク』二〇一〇年二月号で「学びのしかけが授業を変える」という特集を組んだ。その中で埼玉大学教育学部教授の八木正一氏にインタビューをし、「学びのしかけ」という〈考え方〉登場の背景、従来の授業の〈考え方〉との違いを探究した。なぜか。

わたしは学生たちに過去二五年間につくられた、わたしがよいと思う授業を模擬授業形式で紹介してきたが、同時に、それら授業の共通点についてずっと考え続けてきた。そして八木氏が著書の中で「『**学習**のしかけ』の発見」として書いていたアイデアが鍵になると直感した。〈しかけ〉という考え方は単なる授業づくりの工夫を超えて、授業づくりのベースを作る大きな指針になると気づいた。

八木氏へのインタビューで、しかけが教育学における分水嶺であることを改めて知った。

まず社会的インパクトとしては一九八九年の学習指導要領の改訂が大きい。

指導から支援へ。「効率よく教える」から「自ら学ぶ」へ。日本の教育行政がその方向性を大きく変えることになった。

哲学的背景としては近代教育学の土台にあった合理主義の見直しがあった。「いかに早く効率的に教えるか」から出発する教育の考え方の見直しである。正解を確定し、それを同じペースで子どもたちに身につけさせる教え導く教育学の再考である。学習者をマスではなく個で考える学び支援の教育学への変化であった。しかけは個々の学習者の願いや思いを捉えるしかけである。

八木氏はこのことを次の二つの具体的な事例で話した。

「たとえば同じ歌を歌うのでも、転校のお別れに歌う合唱曲は、授業のなかで歌われる通常の歌とは意味が違います。表現も変わってきます。その一回性に意味があります」

「たとえば齋藤喜博です。齋藤の指導で活躍しているように見えていた子どもたちは、じつは教師の手の上で教師の意図のとおりに合理的に動かされています。もちろん齋藤の授業の意味を否定するものではありませんが、九〇年代型の学習のしかけの発見は、こうした教師主導の合理的な授業へのアンチテーゼだと考えることができます」

八木氏はしかけ論から見た授業づくりを以下三つに分類する。

①教育内容レベルのしかけ……代表例は「仮説実験授業」です。仮説実験授業では子どもたちが自ら考えたくなるようなユニークな教材を組織し、それを問題形式で提示するなどの工夫がされています。一九六〇年代型のしかけです。
②教材・学習活動レベルのしかけ……アクティビティの授業がそうです。国際理解教育などでよく使われる「ランキング」「部屋の四隅」「ロールプレイ」など、構成された活動を使って学習者からの学びを引き出します。一九七〇～八〇年代型です。
③学習者レベルのしかけ……生活科など場に着目をした授業がそうです。教師はきっかけとして「こんなことをやってみよう」と投げかけます。正解のない内容、具体的で子どもが身を乗り出すような内容を提示する。九〇年代型のしかけです。

この八木氏の分類と次の理想の授業づくりによる分類とを重ねてみる。

・教科書の指定された2ページのような教材を授業らしくする授業づくり
・自分がベストと考えるアクティビティを発掘・開発して試行する授業づくり
・自分が好きでくり返し行っている言語活動をもとに構成する授業づくり

最初の教科書に基づく授業づくりを「教育内容レベルのしかけ」と見ると六〇年代型とほぼ重なる。

ここまで教科書の指定された二ページのような教材を授業らしくする授業づくりについては積極的に言及してこなかったが、しかけ論の観点からそうした授業を位置づけようとすると、「独自な教材（ネタ）を組織し、それを問題形式で提示する授業づくり」の試みの一つであると位置づけすることができる。一九八〇年代の教育技術の法則化運動によって発掘をされたあるタイプの授業群も、この六〇年代型のしかけと位置づけし直すことができるだろう。

また理想の授業づくりを「学習者レベルのしかけ」と捉え直すと次のことが言える。

授業者学生が普段行っている「好きなこと」を「学びのしかけ」として取り出し、その「学びのしかけ」の中に「こんなことやってみよう」と誘い込む。個々の学習者が動いて、気づいたこと・感じたこと・考えたことを学びとして取り出すという授業づくりをする。

授業づくりの土台には「自分が好きでくり返し行っている言語活動」がある。そこには決められた答えがあるわけではなく、活動があるだけである。鍵になるのは「子どもが身を乗り出すような内容」であり、その提示である。この「子どもが身を乗り出すような内容」を八木氏は「場」と呼ぶ。理想の授業づくりでは授業者学生の「好きなこと」である。好きなことを「場＝しかけ」として提示するのである。

(二)　**K・Tさんの「小さな悩み相談室」の授業づくりのしかけ**

K・Tさんの「ネガティブな言葉をポジティブな言葉にしよう！～小さな悩み相談室～」は次の手順による授業で

あった。

①クジを引き、四人グループを三つ作る。
②一人一分ずつグループの中で相談をしてもらう。それを四回まわす。
③感想をグループから一名ずつ発表する。

授業者学生のK・Tさんの日常的なやりとりをそのまま再現した言語活動である。

『いきなりですが、みなさんはポジティブですか？ネガティブですか？』

多くの学生がポジティブに手を挙げ、ネガティブは数名だけである。

『私は自分に対してはポジティブではないですが、人に対してはポジティブでネガティブなところをポジティブに変換して考えるのが好きです。また友達と話している時にネガティブなことをポジティブな内容に変換してアドバイスしてもらえるととても嬉しいです』

授業者学生の話を学生たちはみんな真剣に聞いている。活動内容の身近さ、切実性があるからだろう。

『今日は皆さんにネガティブな言葉をポジティブな言葉にしよう！小さな悩み相談室という活動をしてもらいたいと思います！』（と黒板の真ん中にテーマの紙を貼る）

みんな一気に笑顔になり、拍手が起こる。

ここでルールを説明する。

①クジ引きで四人一組を決める。
②四人のうち一人が短い相談の話をする。
③他の三人が寄って集って、その話をポジティブな内容に言い換える。
④「逆に」という言葉を使って内容をポジティブに変換して助言する（黒板のテーマの下に「逆に」の紙を貼る）。
⑤一人一分×四回転する。

盛り上がっているグループ、真面目に話し合っているグループなど様々である。

キーワードの「逆に」を強調して話していたり、使わなくても自然と相談内容と逆の内容に変換していたりと人それぞれにアドバイスをしていた。相談者は周りのアドバイスを受け、

「あれ、そうなのかな」
「えっ、嬉しい！」
「あ〜。そうすればいいのか！」などと答えていた。

自分と同じ悩みを持っている相談者には「私も同じ」と共感して助言していた。とにかく全学生が相談者の話を食い気味に一生懸命に聞いて助言していた。一人が助言したことに対し、残りの二人が追加助言したり、相づちを打つ姿も見えた。

授業者もグループの中に入り相談者に助言すると、笑顔で「ありがとう」と言って授業者の学生も嬉しそうであった。当初、授業者学生はグループでの悩み相談室の様子を見ているだけにしようと考えていたが、それぞれのグループをまわりながら話を聞いていると、思わず自分も助言をしたくなって会話に参加した。自然に助言を行い、グループもそれを受け入れていた。教室中が相談の言葉と助言の言葉で渦を巻いた。

最後に各グループから一人ずつ感想発表をしてもらう。Mさんの「お腹が鳴る」という悩みにみんなが笑う。

授業の導入部では元気がなかった学習者も悩み相談室の活動を通して元気になれた様子で、みんな生き生きとした表情になっていた。ちなみに一番生き生きとしていたのが授業者のK・Tさんだったことが印象的だった。

この授業づくりで特徴的な学びのしかけは大きく三つある。

一つは「四人一組」というグループ編成である。一人の学生の相談に対して三人の学生が寄って集って助言をする。これは授業者学生が普段から四人一組のグループを形成していて、そのグループの中で誰か一人が悩み事を言うと、他の三人が寄って集って助言活動することが基になっている。

授業者学生は、高校生時から、いつも四人で活動していることが多かった。相談グループの単位は三人でも二人でも五人でもなくて、四人と言う人数になっていたという。

この四人はポジティブ心理学のバーバラ・フレドリクソン著『ポジティブな人だけがうまくいく3：1の法則』（二〇一〇、日本実業出版社）の知見と合致する。そこでは「人間は、決して快楽原理のみを希求して生きている存在ではない」ということが主張される。その中で「『ポジティブ：ネガティブ』の黄金比率（3：1）を発見し、その絶妙なバランスのうえでこそ、メンタルヘルスが正常に機能することを証明している」（植木理恵監修）という。

二つ目は「逆に」というキーワードである。この授業者学生だけではなく、多くの授業者学生と「自分が好きでくり返し行っている言語活動をもとに構成する授業づくり」を行ってみると、安定したキーワードが登場する。

授業者学生の場合はそれが「逆に」という印象的な言葉であった。授業の中では、いつも必ず「逆に」という言葉が使われたわけではなかったが、「逆に」という事実の解釈を転換させる印象的な言葉を意識することで、助言がよりスムーズに行えるようになっていた。カウンセリングなどでもこうしたキーワードのような言葉は各カウンセリング創始者または普及者たちによって見出され、広まることがあるのと似ている。

これはくり返し行われる言語活動の中で言葉が磨かれるからだろう。たとえば「地元トーク」を楽しくやり取りするという理想の授業づくりの時、「どこ出身？」という問いに対する言葉に対して、「○○って××があるところだよね？」という聞き手側がよく知っている内容をぶつけるキーワードが発見されたことがある。

その学生はこれまでごく自然にそのキーワードを使っていたが、理想の授業づくりの面談を進めるうち、この「○○って××があるところだよね？」という言葉を相手にぶつけることで聞き手側がそれまで既成概念としてもっていたその地域のイメージを覆すような地域の特徴を引き出す効果があることに気がつくことができた。これは一度気がついてみると、非常に効果的な既成概念をひっくり返すためのキーワードであることがわかってきた。

理想の授業づくりではこうしたキーワードが抽出されることがよくある。「逆に」も気づけば当然だが、授業者は気づかず普通に使っていた。

三つ目は相談が「即座に」行われたことである。仮に授業として構想されたものであれば、相談が提出された後、三人の助言者は少しの間をとって助言内容を考えた後に、その助言を始める、ということが考えられる。しかし、この授業では、相談直後に助言活動が開始されていた。

この点を授業者学生に確認すると普段からそうしているので授業としてやる場合にも困らないだろうと考えたそうである。実際の授業でも一人の学生が「逆に」と助言らしきことを発言し始めると、他の二人の助言者はその助言を聞きながら自分の助言をまとめあげる。そうして、一人目の助言者が助言を終えた後には、次の一人、次の一人と助言が行われていた。そのために授業風景としては「寄って集って助言」する形になったのである。

自分が好きでくり返し行っている言語活動をもとに構成する授業づくりを行おうとすると、以上で見た「グループ規模」「キーワード」「運用の仕方」のような学びのしかけとしての場が自然につくり出されて、学習者学生が「身を乗り出すような内容」になることが多い。

事例を多数経験すると、こうした学びのしかけが安定して出てくることがわかる。

（三）理想の授業づくりの「好きなこと」「場をつくる」

学びのしかけを創り出す理想の授業づくりは従来の授業づくりとは異なっている。

国家が教育内容として指定したものから教材を掘り出す研究をして授業づくりするそれとは明らかにタイプの異なる授業づくりである。しかし文部科学省によるアクティブ・ラーニング推奨に見られるように、新しい授業づくりは従来型授業づくりとは異なる授業づくりの方法が様々に模索されるようになってきている。授業づくりのパラダイム・シフトが求められている。

ここで理想の授業づくりに似た事例としてワールド・カフェを検討してみたい。

アニータ・ブラウン&デイビッド・アイザックス著『ワールド・カフェ―カフェ的会話が未来を創る』（二〇〇七、Human Value）には、いまや世界中で知られ、各地で実践されるようになったワールド・カフェという学びのスタイルがある偶然から発見されたことが書かれている。以下、その発見過程を素描し、考察する。

一九九五年一月、カリフォルニア州ミルバレーでは、ワールド・カフェの共同創始者たちの家で、知的資本に関する戦略的ダイアログの二日目が行われようとしていた。約三〇分後には七カ国から企業幹部、研究者、コンサルタントなど二四名が集まることになっていた。

アニータたちファシリテーターは、その日の雰囲気づくりに頭を悩ませていた。というのも、その日は早朝から激しい雨が降り続いていて、議論の進行をするうえでパティオ（中庭）に出て休憩するなどの雰囲気づくりをすることが難しくなると予想されたからである。

その時、ディビッドがあるアイデアを思いついてアニータと相談を始めた。

「テーブルをリビングルームに並べたらどうだろう?」

「それはいいかもっ」

「全員が到着するまでそのテーブルを囲んでコーヒーを飲んでもらうようにしよう。そして全員が集まったらテーブルを片づけ、いつものようにダイアローグ・サークルを創ろう」

アニータは安堵のため息をついて、さっそく作業に取りかかった。

小さなテーブルと白いビニールの椅子をセットし始めた時に、グラフィック・レコーディングの専門家であるローズが到着し、その様子を見て言った。

「まるでカフェのテーブルのよう。きっとテーブルクロスも必要だわ」

彼女はフリップチャートの白い紙を剥がしてテーブルを覆った。

何だかだんだん楽しい雰囲気になってきた。その頃には雨の心配はなくなっていたが、次々新しいアイデアが浮かんできた。

カフェ・テーブルの上に花瓶を飾ることにした。クレヨンなども用意し、入り口のドアには「ようこそホームテッド・カフェへ」という可愛らしいサインを張り出した。

そうこうするうち参加者が少しずつ集まり始めた。

集まった人々はコーヒーを飲んだりクロワッサンを食べたりしながらカフェ・テーブルの周りで、その雰囲気を楽しんだ。そしてインフォーマルなグループを作って、既に会議用議題として設定されていたテーマについての話し合いを開始した。しばらくすると、そこに集まった人たちは会話に夢中になった。そしてテーブルクロスにいたずら書きまで始めた。

そこでワールド・カフェの創始者であるアニータとデービットは相談をして、フォーマルなダイアローグ・サークルをつくってミーティングを始めるのではなく、そのまま、その日行うテーマについて、会話から浮かび上がることを共有するように勧めることにした。

さらに四五分が経過したが、会話は続いていた。メンバーの一人だったチャールズが「部屋の中の他のグループがどんな会話を行っているか知りたい。一人がホストとしてテーブルに残り、他のメンバーたちは、別のテーブルに移動してみたらどうだろう」と提案をした。

もちろんアニータとデービットはこの提案に従ってその場の運営を行った。

こうしてワールド・カフェの原型となる会話スタイルが生み出された。

また、この出来事をきっかけに次のような開発研究が行われた。「最初の集まりに参加していた多くの人々は、私たちが発見した単純なプロセスを実験し始めました。私たちはさまざまな状況のもとでワールド・カフェを開催し、その経験から学んだことをお互いに共有するようになりました」（二二頁）

普段から行っているフォーマルな活動としてはダイアローグ・サークルがあった。

しかし彼らはコーヒーブレイクのようなインフォーマルな活動の流れに着目した。

ワールド・カフェはコーヒーブレイクの時間の中で実際に行われた会話の進め方をそのまま一つの手法として定式化し、それを普及させるということをした。その定式化のプロセスでは「①日常にある没頭プロセスへの着目」「②その没頭プロセスに関する自覚的実験」「③実験で得られた没頭プロセスに関する気づきの共有と定式化の試み」ということになる。


この事例の理想の授業づくりへの理論的な示唆は大きく二つ挙げられる。

一つ目はフォーマルな活動に対して、コーヒーブレイクの時間のようなインフォーマル活動に着目した点である。理想の授業づくりも、これまでよく体験してきた「授業っぽい」フォーマルな活動に対して、これまで「授業っぽい」活動には入らなかった家庭生活での没頭プロセスや友だち同士での日常的な没頭プロセスが取り上げられたことがある。つまり授業・研修のようなフォーマルな活動の外にあるものに積極的に目が向けられたという点である。

二つ目は学びのしかけの自覚である。これまでの授業づくりであれば、伝統的な授業として行われてきた講義や討議に合致する教育内容が無自覚に選び出され、授業づくりをすることが当たり前であった。そのため学びのしかけに対する自覚は希薄だった。つまり授業者の意識は学習内容を講義や討議の形に当てはめることに意識が向かい、学習者の願い・思いがどのように授業づくりと関わるかについて考慮されにくかった。しかし理想の授業づくりでは日常的な没頭体験を手がかりにそのプロセス（学びのしかけ）を自覚的に取り出すという作業を行う。自覚的な実験授業によって没頭プロセスをできうる限り再現しようとする。そのため授業者に学習者の願い・思いについての意識が向きやすくなるということが起こってくる。

つまり理想の授業づくりではフォーマルな授業にはなかった言語活動に着目し、没頭体験を手がかりにその体験の中にある没頭プロセスを学びのしかけとして取り出し、実験授業を通して何が学ばれるかを確かめていく。そのため授業者学生に「学習者意識」と呼んでいい学びのしかけに関する意識が生まれやすく、リフレクションも深くなりやすくなるのである。

ただ一つワールド・カフェの開発研究と理想の授業づくりで異なる点は、理想の授業づくりでは実験授業が一度きりであるのに対して、ワールド・カフェはそれがくり返されたという点である。この点については、今後は、理想の授業づくりでも取り組むべき点として考えている。

二三　理想の授業づくりはカリキュラムの再考を促す

(一)　カリキュラムから理想の授業づくりを考える

学校現場でカリキュラムと普通にいう場合、年間指導計画のようなプランを指す。

若干あけすけに言ってしまうと、学習指導要領で枠付けされた教科書を教える学習ペースの話と重なる。教えるべき内容は教科書という教材になっているので、あとはその教科書単元の配当時間の微調整をするということぐらいである。一般にはそう考えられてきた。

しかしカリキュラム開発を本格的に整理すると次の二つの考えがある。

・工学的アプローチ……実験的な研究開発の方法を教育に適応したもの。
特徴は教育計画の一般的な目的・目標を決め、それを外部からも観察できる行動目標に具体化し、その目標にそって教材づくりをする。目標に合致した教材づくりが重視される。評価では教育の効率と効果が指標となる。

・羅生門的アプローチ…目標にとらわれない評価が最大の特徴となる。
まずはじめに一般的な目標を設定し、その目標の実現は教師の創造的な教授活動にまかせられる。教材選択・教材開発についても、教師の専門性（「個性的な知的興味」）で行われる。評価では教師・学習者が多面的に行う。

（藤岡完治著『看護教員のための授業設計ワークブック』（一九九四、医学書院）をもとに筆者が構成する）

学校教育におけるカリキュラム開発を考える際、日本では法的拘束力が働くために「与えられた目標をクリアーするために教科書教材をどのように工夫して教えるか」という工学的アプローチの考え方が重視されやすい。しかしカリキュラム開発のそもそも論では「カリキュラムに関する仮説の適否は、それぞれの学習者がそのカリキュラムのもとでどのように学習するかによって判定される」（藤岡完治、同上書）。そのため教科書に十分配慮しつつ「一般的目標を見据えた教師の創造的（学習者に価値ある影響を与える）教授活動を生み出す教材選び・教材づくりをどうすべきか」という羅生門的アプローチの考え方が同時に追究されることになる。

このように伝統的な授業づくりでは「目標をクリアーする」教材づくりが目指されてきたのに対して、理想の授業づくりでは「価値ある影響＝意味」を生み出す教材選び・教材づくりが目指されることになる。現在、日本の学校ではまだ工学的アプローチによるカリキュラム開発が中心となっているが、世界の教育学の動向は徐々に羅生門的アプローチに基づくカリキュラム開発にシフトしている。理想の授業づくりのような考え方が必要になってくる。

工学的アプローチにおいては教材が重要であり、教師の違いによる結果の差はできるかぎりないようにという工夫が行われる（Teacher proof）。これに対して、羅生門的アプローチでは、教師の専門性が追究されることになる。いま教育の大きな流れを冷静に判断するなら、教師の違いによる結果の差をないようにする方向ではなく、教師の専門性をできるだけ高めていくような方向に教育が動いてきているのがわかるだろう（参照：安彦忠彦編『新版カリキュラム研究入門』（一九八五、勁草書房）佐藤学「カリキュラム研究と教師研究」ほか）。

（二）H・Tさんの「欲求伝達ゲーム／花束を贈ろう」の授業と沖縄ワークショップ

理想の授業づくりは、所与の教育目標の達成を直接の目的とせず、教師の強み・こだわり・理想を授業として表現することが目的となる。そのため、寄って集って、その授業の可能性・手応え・意味を探っていくということをする。そうすることで教師志望の学生たちに学び支援の勘所を体得させることが可能になる。現場教師たちが普通に行っている教科書の教科内容を上手に教える授業の工夫とは違うけれども、理想の授業づくりをすることで学び支援のプロフェッショナルとしての可能性が大きく開かれる。彼らは授業づくりを怖れなくなる。

H・Tさんの「欲求伝達ゲーム」は二年生でする理想の授業づくりのほぼトップバッターで行われた。バレーボール好きの彼女は、最初バレーボールの歴史とルールを講義したいと言っていたけれども、それは彼女自身の「好きなこと（活動）」ではなく、「好きなこと（説明）」にしかなっていないことを理解して、「欲求伝達ゲーム」という授業を創り出した。

以下は、わたしがH・Tさんの授業をfacebookに紹介した記事である。

2年ゼミ「理想の授業づくり」がスタートです。Tさんは失語症の女の子とのボランティア体験を「欲求伝達ゲーム」という活動に再構成して、コミュニケーションのむずかしさとそれが伝わった時の嬉しさを実感してもらう授業をしました。授業は大成功でした。

授業の最後の最後、Tさんは「わたしの伝えたかった『コミュニケーションのむずかしさと伝わったときの嬉しさ』をみんなが最後のふり返りのところで言ってくれたので、すごく嬉しかったです」と口にします。

ワークショップ型授業の定石に従えば授業終末部で教師はまとめはしない方がよいです。しかしこのTさんの言葉はよかったです。教師の価値付けがせっかく活動を通して感得した学習者の気づきをつぶしてしまうことがよくあるからです。しかしこのTさんの言葉はよかったです。なぜか？

Tさんの発言は学習者の言葉を上から価値付けする言葉ではなくて、いま正に『欲求伝達ゲーム』を通して同級生たちとの間に起こった出来事の率直な感想だったからです。このTさんの言葉は定石破りだけれどOK。そうコメントしました。

するとTさん。「計画では授業の終わりに自分の授業意図を直接口にする予定はなかったです。でもこのタイミングで言うのはいいかなと思って言っちゃいました！」。なかなか高度な判断ができたと思います。嬉しいです。

理想の授業づくりをすると、「行為（授業）の中のリフレクション」が起こりやすくなる。普通の授業の場合、学生はもちろん、現場で仕事を始めて最初の一～二年の教師では、授業の運営に手一杯で、そこで起こっていることを把握し、切り返す「行為（授業）の中のリフレクション」はなかなかやれないのが普通である。しかし、この授業で、H・Tさんは、ある意味、やすやすと、それをクリアーしている。もちろん現場の訓練を積んだ教師がやる「行為（授業）の中のリフレクション」とは違う。しかし「いまここで何をしゃべるべきか」、H・Tさんは的確にリフレクションし、行動に移している。授業の中への没頭がそれをさせている。自分が何にこだわって欲求伝達ゲームをするのか。よく知っているからである。

この一つ目の授業のおよそ半年後、H・Tさんは「幸せの花束を作ろう」の授業を行った。

一回目の完全手探り状態の授業づくりと違って、授業づくり面談に自分の「これがやりたい！」を持ち込んできた。ほぼ彼女が持ち込んだままの授業を実験することになった。

以下、facebookに書いて紹介したH・Tさんの二回目の授業づくりである。

授業タイトルは「幸せの花束を作ろう」。

自分の生活をふり返って、ふっと心に浮かんだ感謝の気持ちを4枚の花びらに4つミニ手紙を書いて、黒板上で「幸せの花束」に構成します。

授業者Tさんの語りにはちょっと独特の説得力があります。

Tさんは自分の感謝を書いた大きな4枚の花びらを示しつつ何をどう書くか説明します。「お父さん、お母さんへ・・・！」「青春時代を共に過ごした＊＊に・・！」「沖縄の家族と出逢えた御縁に・・・！」「YMCAの子どもたちへ・・・！」「書く時間は10分。トトロのオルゴール2回分です」。Tさんの温かい語りから一転、教室は急にシンとなります。それぞれ学生が自分の世界に集中していくのがわかります。授業終末では4枚の花びらの手紙を一つの花束にしました。

素敵な「表現活動」だと思いました。しかし「表現授業」と考えると終末に表現の共有が必要じゃないの！と授業者としてのわたしの強いこだわりが疼きました。落ち着きません。そんな中で学生たちとの協働的な授業リフレクションがはじまりました。

お互いの実感を手掛かりにした学びの経験について聴き合います。Sさんが「(自分と向き合って)手紙を書くことで達成感を感じた。満足感を感じた」と言います。彼女のそれはわたしのこだわりと異なる説明物語を創っていました。

20代で、わたし自身の理想の授業づくりを始めたころ、作文授業は「先生に提出して終わり」が普通でした。不満足でした。何年かかけて、1時間の中で「各自作文を書いた後、それを聴き合う」二重発表方式という実践スタイルを創り上げました。

わたしは協働的なリフレクションの中でわたしの過去について語り、学生たちはいま正に体験した学びの実感を語ってくれました。1人以外はみんなSさんに近い満足感を感じていました。面白いことに授業者Tさんは両方を予想していました。

正直に言うとまだ少し居心地がよくないです。しかし学生との協働的な授業リフレクションで自分のこだわりと彼らの実感のすり合わせができたことに大きな手応えを感じています。協働的なリフレクションをすることの可能性の大きさを感じています。

授業終末部に表現の共有(発表し合うこと)をせず、自分の書いた感謝の手紙をただ「幸せの花束」にホワイトボードに貼って終わりというのは、H・Tさんが授業準備の段階で決めていたことである。これに対して、わたしの理想の授業を作った時の強いこだわりが反発をする。「表現(作文)授業」では終末部ではお互いの表現を共有することで授業コミュニケーションとして完成する」というわたしの表現授業の方程式とは異なる展開になっていたからだ。

いまから考えると、その場にいない人への「感謝」の気持ちを表現した手紙なので、共有は不要になるのかもと思う。しかしこの授業を検討していた時点では本当に最後まで居心地が悪く、生徒になった学生たちの「書いたところまでで満足」という感覚が腑に落ちなかった。

わたしは学生たちと『本当に?』「本当に!」『表現を共有しなくても満足感はあったの?』「あった」「ありました!」と何度も何度も押し問答をくり返した。その押し問答のようすをH・Tさんは落ち着いて聞いていた。検討会の発言ルールでは授業者学生がその検討会の中で、介入発言することは当たり前だったので、一緒に話し合いに参加をしてもよかった。

しかしH・Tさんはわたしと他の学生たちのやりとりをじっくり聞いていて、最後の最後、わたしに促されてやっと「両方を予想していました」と事実報告した。「それでいいはず」と授業の後のリフレクションした時のH・Tさんは本当に落ち着いていた。自分の「好きなこと」を授業にするという理想の授業づくりだからこその、リフレクションの的確さだろう。

H・Tさんは授業者としての専門性を徐々に、しかし着実に身につけていった。

そして、この理想の授業づくりの四か月後、彼女は大学外で授業をする。

今度もfacebookに記事として書いたH・Tさんの「その後」である。

「先生!!!!!!
きいてください!!!!
初のワークショップ成功しました!!!!!!
やりきりました(^_^)」

沖縄に行っているゼミ生からのＬＩＮＥメールです。全国から集まった学生たちを相手にスタッフとしてワークショップをやりきったみたいです。
東北は若手トップ教師でも「授業の基本は一斉型授業ですよね」とつい最近まで真顔で言っていました。関東では数年前から学生時代のファシリテーターデビューが当たり前になっていました。
東北からもこういう行動をする学生が出てきたんだなと感慨深いです。
時代が変動しています。授業づくりの土台が変わりつつあります。

Ｈ・Ｔさんは沖縄が好きで好きで仕方なかった。その初めての沖縄旅行は一つ目の理想の授業づくりと二つ目の理想の授業づくりの間の夏休み。丸々一〇日、単なる沖縄旅行ではなく、地方活性化のＮＰＯ活動に参加した。旅行直後は完全なフロー状態で次はスタッフとして参加するとすごい鼻息だった。Ｈ・Ｔさんが理想を前進させることにわたしも興奮していた。

スタッフとしての参加は聞いていたが、初のワークショップも成功させるとは！

そのスタッフとして参加した沖縄体験について時間をとってインタビューしてみると、単に数時間のオリジナルのワークショップをしただけではなく、一〇日間、丸々のカリキュラムを設計し、その中に一日ワークショップを組み込み、目的を達成したということだった。

彼女の二回の理想の授業づくりとこの沖縄ワークショップの成功はつながりがあったはずとしばらくしてから気がついた。確かにＨ・Ｔさんの授業づくりは最初からこだわりが強かったけれど、理想の授業づくりというワークをしていなかったら、沖縄ワークはまったく違ったものになっていただろうと想像する。理想の授業づくりが彼女の心に火をつけたのである。

Ｈ・Ｔさんの成功は、そのこだわりの強さこそが影響をしているようにもみえる。しかし、彼女のこの変化を手がかりに、他の理想の授業づくりをした学生たちの「その後」をフォローしてみると、理想の授業づくりが「その後」の成長を促していることが徐々にわかってきた。たとえばイラストの授業づくりをしたMさんはその後、模造紙2枚分のサスティナブルマップ大作を完成させた。そのための異学年生とのワークショップを行った。また「絡みコミュニケーション」の授業を行ったTさんは、その後、「絡みコミュニケーション」を中核とした外部講師をフューチャーした学習会を成功させた。それによって彼女の強みが見えてきた。

理想の授業づくりをすることによって、一つの授業づくりを体験できるだけでなく、それをきっかけにした羅生門的歩みを前進させる学生が一定数出現している。もちろんすべての学生が、そうした羅生門的アプローチによる授業づくりに進むわけではない。しかし「好きなこと」を起点とした理想の授業づくりは一回の授業づくりに止まらず、カリキュラム再考を促す。

その意味で理想の授業づくりは教師教育として大きな可能性があると言える。

(三)　理想の授業づくりと新しいカリキュラム

対話の哲学者と言われるマルティン・ブーバーはイスラエルとアラブの和解のために生涯を捧げて、両民族から等しく尊敬されている平和の哲学者でもある。そのブーバーにとって教育は非常に重要なテーマであった。ブーバーの教育に対する基本方針は次の二つである。

それは次の二つの資質を開発することである。

・創始者本能……いわゆる創造性の開発である。人は自分の力で何かを作り出したいという本能を持っている。何かを作り出すことに参加することに喜びを覚える。何かを表現すること、ちょっとしたしかけを作り出すこと。こうした小さな創造が土台になる。
・結び付きの本能…他者とどのように関係し、交わり、触れ合うか。創造したものがバラバラでは世界をよくしていくことはできない。それぞれの行った創造性を関係づける（結び付ける）作業が世界をよくしていくのである。その結び付きが世界を変えていく。
（斉藤啓一著『ブーバーに学ぶ』、二〇〇三、日本教文社）。

これまでの教育がリベラル・アーツ（読み書き）を中心にカリキュラムを組み立て、世界を維持していくことを企図していたのに対して、ブーバーは創始者本能・結び付き本能の開発を基本に教育を構想し、世界をよりよいものに変えていくというアイデアを提出した。

特に二一世紀の世界にとって、結び付きの本能は大きな課題となるだろう。

本書の目的は学生や若い教師が授業づくりを学ぶ新しいメソッドを提案することである。その範囲を超えることを書き始めてしまったようにも感じている。しかし学生や若い教師たちがそれぞれの授業づくりの意味を考える際、工学的アプローチが前提とする目的・目標とは異なるイメージ、「教師の創造的な教授活動」の先にどのような教育（授業づくり）が出現する可能性があるかということを考えておくのは決して無駄ではないだろう。

このブーバーのアイデアのより具体的な提案としてネル・ノディングス著『学校におけるケアの挑戦』（二〇〇七、ゆみる出版）がある。ノディングズはその著書の中で大胆にも次のように言い切っている。

教育の真の変化を求め、単調にチクタクと振れる振り子の振幅から抜け出すとすれば、学校の第一義的な優先権が知性的発達にあるという致命的な観念をひとまず脇におかねばならない（三八頁）。

そしてリベラル・アーツ中心ではないケア中心のカリキュラムを提案する。
そこに描き出されるカリキュラムの六本の柱は次の通りである。

- 自己をケアすること
- 内輪でのケアリング
- 見知らぬ人や遠く離れた他者へのケアリング
- 動物や植物や地球をケアすること
- 人工の世界をケアすること
- 理念のケアリング

カリキュラムであるからつながりが重要であることを承知しつつ、そこに優先順位をつけるとすると「見知らぬ人や遠く離れた他者へのケアリング」が重くなるはずと考える。

いま世界で起こっている、わかり合えないまま世界がバラバラになろうとする事態について、自己をケアすること、内輪でのケアリグ、動物や植物や地球をケアすること、などのさらに先に「見知らぬ人や遠く離れた他者へのケアリング」を考えることなしに未来は考えられない。

理想の授業づくりには、こうしたカリキュラム開発を熟考させる可能性もある。

H・Tさんが「欲求伝達ゲーム／花束を贈ろう」のような理想の授業づくりと並行しながら、自分の憧れ（理想）であった沖縄の地に「地域活性化」のような問題を考えつつ、彼女独自のワークショップを作り出したということは、上記のことと無関係ではないと考える。

欲求伝達ゲームは「見知らぬ人や遠く離れた他者へのケアリング」の中に登場する「障害のある人たち」の話と重なり、「花束を贈ろう」の授業は「遠く離れた他者」への感謝を表す授業づくりになっている。ノディングズは国を跨いだ話を書いているけれど、彼女の沖縄での体験を聴いてみると、メディア情報とは異なる辺野古での異文化体験の話が出てくる。

これまでの「理想の授業づくり」実践をこうした「ケア」の観点から見直しをしてみると、学生たちの興味・関心（「好きなこと」）領域は「自己をケアすること（自己表現）」「内輪でのケアリング」「人工の世界をケアすること」にある。「見知らぬ人や遠く離れた他者へのケアリング」「動物や植物や地球をケアすること」などはＨ・Ｔさんなどを除くと稀である。ただし、アイドルの追っかけ行動に見られるような「応援」活動などは少しずつ出てきている。

さらに「理想の授業づくり」が大きな参照源の一つとしている合流教育（ゲシュタルト療法を教育に応用したもの）では「動物や植物や地球をケアすること」に近い授業づくりが行われている。今後は「見知らぬ人や遠く離れた他者へのケアリング」「動物や植物や地球をケアすること」などが理想の授業づくりから生れ出る可能性を考えていく必要があるかもしれない。

一四　理想の授業づくりは斬新な教材開発につながる

（一）　教材づくりの二つの道―上からの道・下からの道―

日本の学校教育は学習指導要領という制度の枠があり、その枠組の中で教科書という教材が王様として君臨する構造になっている。この教科書王様体制によって日本の学校教育は「何をどの順番で教えるか」というカリキュラム問題や「どのような教材を使って教えるか」という教材開発問題をあまり考えず、その先の「どのように授業をするのか」という授業づくり問題に集中してきた。これが我が国の授業研究がさかんであった理由の一つとなっている。

しかし教育を巡る時代状況は確実に変化してきていることは間違いない。

これまでのように教科書という文章教材を中心とした授業づくりをしているだけでは子どもたちに必要な学力

（「二一世紀型学力」ほか）を獲得させることが難しくなっている。

アクティブ・ラーニングの導入などはそうした時代状況に対応するための舵きりと言える。

ここでは教材づくりの発想について以下二つを中心に検討してみたい。

・上からの道……「教育内容」から「教材」へと下降する道。個々の科学概念や法則、知識を分析し、それに関連して引き寄せられるさまざまな事実、現象の中から子どもの興味や関心を引き付けるような素材を選び出し、構成してゆく。教材構成における中心的な、オーソドックスな方法。
・下からの道……「教材」から「教育内容」へと上昇する道。日々の情報接触行動の中で子どもの興味や関心を引きそうな事実を発見し、事後的にその事実を分析し、面白さの意味を省察して、その素材がどのような教育内容と対応しうるかという価値が見出される。教材構成においては副次的であるが、決して無視し得ない方法である（藤岡信勝著、『教材づくりの発想』、一九九一、日本書籍）。

藤岡氏が言っているように実際はこれら二つの教材づくりの発想はどちらか一つだけというよりも両方の道を往復することが多い。しかし両者を分けて考えることで、教材づくりということが、そもそもどういうことであるのかということを際立たせることが可能になる。

たとえば、教科書教材を使った授業づくりでは上からの道の発想が常となる。この発想の授業づくりでは、まず教科書を教えるということが考えられるために、子どもの実感（感情）と距離が離れてしまうことがしばしば指摘されている。上からの道の教材づくりでは、論理的・概念的に教材が作られ、それが子どもたちに提示されるからである。

そのため子どもたちは教科書教材に対して感情を伴った関与が難しくなる。たとえば、俳句づくりを学ばせようとする際、上からの道の発想では、過去に作られた最高の俳句作品を分析し、創作の勘所を示そうとする。その分析から抽出した勘所を子どもたちの俳句づくりへとつなごうとする。当然、中心教材は過去の俳句作品になる。もちろん子どもに少しでも親近感が持てる作品が選ばれるが、「はじめに内容ありき」である。教科書教材では、こうした発想の延長線上に授業づくりが行われる。最近の教科書では学習者目線が様々に取り入れられているが、多くの子どもに教材を提供しようとすると、どうしても最高の俳句作品が選ばれることになる。東北の子どもに関東の俳句作品を読ませるようなことになる。

では下からの道の発想ではどうなるか。いま目の前にいる子どもたちの最も近くにある短詩系文学にはどのようなものがあるか。わたしが創り出し、多くの実践を重ねたものとして「五七五作文」がある。この「五七五作文」はもともと川柳の師匠が弟子に対して行うトレーニングがベースになっている。たとえば、師匠が「昨日は何をして遊びましたか？」と質問をする。これに対してお弟子さんは「五七五」の文字数で返答をするというものである。

この五七五作文の発想をわたしはテレビのバラエティ番組の中から発見した。タレントが、川柳の師匠の質問に対して、素朴に五七五を作っていく。その五七五に師匠がコメントをし、笑いにする。同時に川柳づくりの勘所を伝えていく。上からの道のように、最高の川柳作品が提示され、分析され、しかる後に、その勘所に従って川柳づくりが行われるというのではない。最初から対話形式で、おしゃべりのように次々と川柳が作り出される。そこが面白い。

もう一つ、非常に印象的な下からの道の教材づくりの事例を紹介してみたい。少年サッカーの例である。日本のプロサッカーリーグが始まる前の話である。ブラジルから少年サッカーの指導者が来日し、日本の少年サッカーを視察した。視察後、その指導者は「これでは、日本の子どもたちはサッカーが嫌いになるのではないか」と感想を述べた。なぜなら、当時の日本の少年サッカーは、一〇時間のトレーニング時間があるとすると、その大半をパスならパス、ドリブルならドリブル、シュートならシュートと、ゲームの動きを部分に分解して、部分の動きの精度を上げる訓練に費やしていた。最も面白いゲームは、ごくわずかの時間しか行っていなかった。全体を分析し、部分にして学び、最後に言い訳的にゲームをする。

ではブラジルの少年サッカーはどのように学ばれていたかというと、時間の大半をサッカーゲームに費やす。人数が集まってきたら集まってきただけ、およそ半分ずつの人数に分かれ、ゲームを始めてしまう。ゲームを十二分に楽しみながら、パスやドリブル、シュートを学ぶ。それを周りで見ている大人が「あそこは股抜きすべし」などとアドバイスし、次にはそうしたスキルが使えるようにゲーム外での個人（ペア・トリオ）練習が行われることになる。サッカーの面白さを分解せずにそのまま楽しみ、体験から学んでいくのである。

これまでの日本の学校教育の教材づくりの発想では、本物を一度、言葉に分解し、その言葉を子どもたちに教えて、言葉によって正誤判定しながら学力を積み上げていく。しかし、この方法では、そうしたやり方が得意な学習者（教員志望学生・教員の多くがこれに当たる）にはよいが、そうでない大半の子どもたちには、面白味のない学習になりがちである。本物をできるだけ本物のまんま体験させる。その体験の中から本物の智恵を抜き出す。アクティブラーニング時代の学校教育では、これまで「中心的で、オーソドックスな方法」と言われていた上からの道よりも、「副次的」と言われてきた下からの道が大事になってくるはずである。

理想の授業づくりでも、下からの道が最大限追究されていくことになる。

(二)　H・Kさんによる「HEROインタビュー」とその教材づくり

H・Kさんは無類の野球好き。地元の宮城県仙台市にある東北楽天ゴールデンイーグルスが大好きで、テレビ観戦するだけでなく、球場にも足を運び選手たちを応援していた。

そのH・Kさんの作った理想の授業が「HEROインタビュー」である。

最初に授業を紹介し、次に教材づくりについて考察を加える。

まずは授業冒頭の価値のインストラクションである。

いきなりですが、皆さん、自慢話、一度はどこかで聞いたことがあると、思うんだけど、自慢話を聞いた時にどんな気分にな

ります か？（指名して話を聞く）

自慢を聞くと、確かにすごい、と思うけど、だから何？自慢？わたしのことを見下しているの？って思うこともあるよね…。でもね。先生、ある時、自慢は自慢でも、さっき言ったような聞いて不快になる自慢と聞いても不快にならない、逆に楽しくなる自慢があることを知りました。

先生が高校生の時のお友だちでね、自分をアピールするのが上手な友だちがいました。特に覚えているのは、「自分には絶対音感がある」という自慢です。自慢をして自分をアピールするのが上手な友だちがいました。特に覚えているのは、「自分には絶対音感がある」という自慢です。音楽の時間が始まる前、そのお友だちはみんなが口で歌った曲をさらっとピアノで弾いてみせたんです。聴いたみんなは大絶賛！その後、家には、大きなピアノがあって、毎日何時間も練習して…。見てこのタコと手にできたタコを見せていました。

このお友だち、話していることは確かに自慢なんですが、聞いていた先生を含め、周りの人を不快にさせることはなく、逆に楽しくする自慢ができる子でした。

今、先生は友だちの話から、不快にさせない自慢ってなんだろう？ということを考えています。先生も答えがわからないんです。ということで……。

今日の授業は「聞いて楽しくなる、嬉しくなるＨＥＲＯインタビュー」です。

不快にさせない、逆に聞いて楽しくなる、うれしくなる自慢話ってなんだろうについてみんなで考えていきます。みんな、先生の疑問を解決するのを少し手伝ってね…笑。


次に活動（アクティビティ）の説明である。

★ＨＥＲＯインタビューをする前に…。
まず初めに聞いている人が楽しくなる、うれしくなる自慢話を考えます。

考えたら机に、「私は（　　　）のＨＥＲＯです」という厚紙があるので、（　　　）の中に自分の考えた自慢話を書いて下さい。

ＨＥＲＯになれる時間は２分しかありません。

もし時間が余ったらどうやってインタビューで話そうかなってことも考えておけたらいいな…。（３分で書きます。スタート！）

★いよいよこれからHEROインタビュー大会をしますが、インタビューというのは、質問をする記者とそれに答えるHEROがいて成立するものです。

みんなにはHEROになるだけではなく、記者にもなってもらいたいです。

もちろんインタビューを聞くファンのみんなもいないと面白くないので、いま座っている4人でグループになって、記者とHERO以外の2人はファンになります。

★インタビューのルールを言います。

一つ目は尺があります。

HEROだからインタビューはTVで中継されています。だから放送時間内になんとしてでも収めなければなりません。グループに一つタイマーを置くので、記者の人は、それを見ながら2分のHEROインタビューに収めて下さい。どんなに盛り上がっても2分を過ぎたら「申し訳ございません。放送時間終了が迫っておりまして……ここで切らせていただきます」と言って終わりにして下さい。

★二つ目はインタビューの始まりです。

「放送室、放送室。あなたは何のHEROですか？」から始めます。

★三つ目はインタビューの終わりです。

終わりは必ず、ファンのみんなと「3・2・1・バン」で終わります。記者は「それではいつもの儀式で締めて下さい」と振ります。HEROは「3・2・1」を言って、バンはその場にいるみんなで行います。（少し練習しましょう）

★四つ目はHEROとして話す時のルールです。

HEROはユニホームを着て話します。グループに1枚ずつ配るのでみんなで回して着て下さい。

★五つ目は記者とインタビューを聞くファンは精一杯盛り上げて下さい。バンバンを配るので使って下さい。先生はカメラマンになります。できるだけ盛り上がっているインタビュー、楽しいインタビューを中継したいので、ファンになった時はがんばって下さい。

以上五つのルールに従ってHEROインタビューをします（話す順番を指定する）。

それではHEROインタビュー、スタートです（音楽をかける）。

ルールは一つ話すごとにホワイトボードにフリップを貼っていった。

学生たちが考えたＨＥＲＯは次のようなものであった。

・わたしは丸亀（ウドン屋）のＨＥＲＯです。
・わたしは長町（地元街）のＨＥＲＯです。
・わたしはバイトのＨＥＲＯです。
・わたし（の母）は絶対に失敗しないし、遅刻ゼロのＨＥＲＯです。
・わたしはハム子（ペット）のＨＥＲＯです。
・わたしはバンドＬＯＶＥのＨＥＲＯです。
・わたしは部活全力姉妹のＨＥＲＯです。

この授業は教師も答えを知らないことをみんなで考える、そのきっかけを作るための授業である。実験授業では時間管理がうまくいかず体験後のふり返りが不十分だった。しかし授業後の協働的な授業リフレクションで、学生の一人が「バイトの自慢話をしたけれど、この自慢でいいのか不安、わからない」と発言したことをきっかけに内容的なやりとりも行えた。

そこで授業者の疑問解決という授業目的にも触れることができた。授業者はその後の記録の中で「聞いて楽しくなる、嬉しくなる」自慢話の条件を次のように書いている。

・他人と比較しないこと
・努力を話すこと
・少し笑いの要素があること
・聞いている人自身のテンションが上がっていること

そして、「まだまだありそうなので、これからも自分なりに考えていきたい」とした。

以上がH・Kさんの「聞いて楽しくなる、嬉しくなるHEROインタビュー」の大略である。

この教材づくりのきっかけになっているのは、H・Kさんが授業冒頭でも述べているように高校時代の友だちの不快にならなかった、逆に楽しくさせてくれた自慢話である。自慢されると嫌な感じになることが多いのにそうならない自慢話があるのはなぜだろう。その秘密をH・Kさんは自分の大好きな野球観戦と重ね合わせて考える。まずその場を作ろうと考える。

この教材づくりの魅力は自慢話と大好きな野球観戦を重ねて考えた点が大きい。聞いて楽しくなる、嬉しくなる自慢をHEROインタビューで考えるのである。

「今、先生は友だちの話から、不快にさせない自慢ってなんだろう?ということを考えています。先生も答えがわからないんです」という「課題の真正性」を持ちつつ、言語的・概念的に答えを出そうとするのではなく、好きな活動を持ち込んで一緒に学ぼうとしている。

同様の重ね合わせは、他の学生の実践した「理想の授業づくり」にもある。たとえば、ファッション、写真術、テイスティングで「自己表現とは?」を考える。自分の課題とする問題意識を「好きなこと」に仮託しつつ考えていく。

こういう教材づくりをすることで、「好きなこと」を通して、自分が追究したいと考えるテーマの掘り下げができる。掘り下げる過程で様々な気づきが生まれる。

たとえば、この授業の中でK・Hさんが行った授業づくりとして小物や小道具へのこだわりがある。まず授業者のH・Kさんは楽天のユニホームを着てさっそうと授業に登場をした。HERO役の学生にはグループ数だけユニホームを貸し出し、ファンの人には鳴り物としてバンバン。その他、本物のようなマイク、ビデオカメラ、模造紙に描いたマイク、楽天ロゴ。この細部へのこだわりは単なる雰囲気づくりではなく、テーマと関わる仮説であった。K・Hさんのこだわりとその成果（学びの発見）は記録によると、次の通りである。

自慢話を不快感なく、嬉しく、楽しく聞くことができる要素として、聞く側のテンションにも理由があるのではないかと考えました。私の高校の時の友達がピアノを上手に弾いたことで、私を含めた聴いていた人のテンションが上がり、その後の「たくさん練習をして」や「家に大きなピアノがあって」という自慢をすんなりと受け入れたのではないか。

また、スポーツのインタビューも、勝利の嬉しさからファンである私達のテンションが上がり、楽しく、嬉しく聞けるのではないか。

こう考えたため、聞く側のテンションが上がるしかけとして、小物や小道具にこだわりました。教室に入ったときからワクワク感を与えたい！と思いました。それが、野球っぽさです。後のリフレクションでKくんが、「小物があることでインタビューされている感がでて、いい気分で終われた。普段自慢は話したいけど話せない、自慢話をしやすかった」、Hちゃんが、「自慢がしっくりこなくて不安だったが盛り上げてくれたから話しやすかった」、Tが「自慢を話すのは苦しくて難しいけど、雰囲気で乗り切れた。軽いノリに助けられた」と言っていました。私は事前に聞く側のテンションを上げたい、つまり、聞く側に視点を置いていましたが、実際に授業をしてみて、この三人から出たリフレクションから、この小道具のしかけは聞く側よりも話す側に与えた影響の方が大きかったということを知り、驚きました。インタビューの環境にファンを入れたことや盛り上げ道具を配り、〝とりあえず盛り上げてもらった〟ことで、話をちゃんと聞いてもらえる授業ではなくなってしまいましたが、不安を取り除く要素になったという視点から見ればよかったのではないかと思います。

また、この小道具の中のひとつ、ビデオカメラについてです。この場面でのビデオカメラはテンションを上げるための道具でもありましたが、それ以上の意味を持っているものでした。授業を考えるとき、授業中の風景を思い浮かべ、インタビュー中に、先生である自分は何をすべきか考えました。せっかく野球っぽさを出しているのにインタビューを見て突っ立ってるだけでは、ただの監視役になってしまう。インタビュー中のため、机間指導もできない、というかどうしたらよいか分からない。

そうなると活動中の子ども達は監視されているために緊張してしまうのではないか。自分自身、小中高と活動を先生に見られると緊張してしまった経験からそう思いました。逆に、学芸会や部活のコンクールでの演奏など、指揮をしている先生を見ると安心したという経験もありました。これは、先生と子どもたちが一緒にステージをつくるということだ。子どもと先生で活動すれば安心感を与えることができるのではないかと考え、カメラマンとして活動に入ろう！と思いつきました。授業後のリフレクションで、Mちゃんが、「先生が活動に入るのが新しかった」と言っていました。ただの監視役にならずにできたのが嬉しかったです。イギリスの教育では、教室に入ってきたときから先生は役になりきるということを知り、なんて楽しい授業なんだろう！と思いました。
いつかやってみたいな（*^^*）

(三) 理想の授業づくりにおける「好きなこと」とは

新しい創造性研究は従来の一握りの天才だけが創造をするという考え方から、普通の多くの人たちが小さな創造をすること、小さな創造を結びつけることによって大きなイノベーションが起こってくるという考え方に変化してきている。

これは授業づくりに関しても言えるだろう。

ではどのようにそれが可能となるのか。杉山知之著『クリエイター・スピリットとは何か？』（二〇〇七、筑摩書房）に次のようにある。

自分を知るトレーニングをしない人が、オリジナリティのある発想をしようとしたって、それは無理な話だ。たとえば、先生からいきなり「君らしいものをつくれよ」と言われたとする。自分のことをなにも知らない人は、そのときになってはじめて、「自分らしいものってなんだ？」とドタバタすることになる。だから、「自分にはクリエイティヴィティがない」とか「才能がない」とか落胆してしまう前に、「自分らしいもの」や「自分が好きなもの」をもっと知る必要があるんだ。

そして、自分の好きなものがおぼろげながらもわかるると、好きなものをつくるときにも自然と気持ちが入っていく。なにしろ、自分はそれが好きだってわかっているわけだから。

そうした場合、つくろうとしている作品がどんなものになるかはわからなくても、自分がいま好きなものをつくろうとしていること自体は把握できるはずだ。そこが重要で、そうすると脳がいい方向にまわっていって、なにか新しいものがきっと出てくる（一六－一七頁）。

授業づくりでも新しいものを創るには「自分を知ること」が必要であるという当たり前のことがまだ十分に理解されていない。この杉山氏の文章のタイトルは「好きなものからすべてが始まる」、そしてその一つ前の文章のタイトルが「自分の『好き』を知る方法」である。

理想の授業づくりでも、この二つをおさえることが必須であると考えている。たとえば、教科書の見開き二ページを「授業らしく」設計して授業するトレーニングから始めるという考え方の背景には、授業づくりは誰かエラい人（クリエイティブな人）が考えて、普通の教師はそのエラい人が考えたものを教わることによって、ある一定の成果を収めることができるようになるという考え方がある。

たとえば耐教師性（Teacher proof）という言葉がある。どんな教師でも授業がうまく進む万能薬的な方法を追究する考え方である。カリキュラムや教材などを論じるときなどに使われる言葉で、「あの教材は耐教師性が高い」「経験の足りない教師でもすぐに利用できるように教材が設計されている」というような意味になる。

近代教育学はそういうことを夢見ていたが、ポスト近代教育学ではそれが「時代遅れの考え」になったと言われている。しかし今でも書店の教育書コーナーなどに行くと、これさえあればすべてうまくいくという魔法のような方法の紹介本がたくさん売られている。こういう考え方は、研究の流行が過ぎてしまっても、一般には影響力が残ることがよくあるからだろう。

この「魔法のような」に次ぐ影響力のある考えに「あこがれ」教師論がある。この「あこがれ」教師論では、自分の目標にするに足る実践者を心にきめて、その実践者の著書、論文、その他の文献をすべて集め、研究会にも出る。授業を見せてもらい、直接指導を受ける。授業もまるごと真似てやってみる。そうすることで授業づくりの一つの型が自分のものになる。このように一つの型を自分のものにすると、そうでない型の授業の不満や改善したいものが見えてくる。そうやって徐々に自分独自の授業が生み出されていくと考える。

多くのクリエイターの話を読んでいても「あこがれ」のクリエイターの仕事を密かに一人でコピーし、そこから自分のスタイルを創り出したという話はよく出てくる。しかし「あこがれ」から「自分らしさのあるスタイル」にジャンプするところが十分に説明できていない。「あこがれ」の教師はあくまで「あこがれ」であって自分とは違っている。「自分を知ること」。これなしにジャンプすることは難しいだろう。

理想の授業づくりでは正にその「自分を知ること」をサポートする。どのようにサポートをするかというと、自分の「好きなこと」の中にある学びのしかけを掘り出して、それを自らの授業づくりの中心的な教材として取り上げることを通してである。そうすることでそれぞれの教師の持つ「自分らしさ」がある、創造性のある授業をつくり出すことができる。

こういうふうに言うと、「確かに教師は創造的である必要がある。しかし、その土台を作るには、まずエラい人の考えた方法を謙虚に学ぶべし。あるいは、自分のあこがれの教師を心に決めて、コツコツと修行を積むべし。それが創造への道になる」などの声が聞こえてくる。

しかし、それは創造性に関する、未だ伝統的な考えが残った発想ではないだろうか。理想の授業づくりは、授業づくりに必要な理論やスキルを学ばないわけではない。しかし、それを学ぶのは自分らしい授業を創り出すため、まずは自分を意識的に知ることが必要であると考える。またあこがれの教師を心の中に持つことについても決して否定するものではない。しかし、あこがれた教師とは違う「自分を知る」ことを真っ先に教える。そのことを教えないままあこがれの教師の言葉に従って授業づくりするのでは「自分らしさ」のある授業づくりに行きつかない可能性がある。まったくできなくはないが、授業づくりは遅れるはずである。

重要なポイントは自分を知ること。そのための学びをすることが重要である。

一五　理想の授業づくりは学校文化の弊害と闘える

(一)　理想の授業づくりを阻害するもの

学校に限らず組織にはその組織特有の文化や風土などが存在している。その文化や風土がその組織で働く人の行動を無意識のうちにコントロールする。

教師が授業づくりをしようとする場合もそうしたコントロールが発生する。たとえば本書でくり返し指摘している一斉授業スタイルがある。わたしはそれを「黙れ、座れ、わたし（教師）が目立つ」方式と名付けている。この一斉授業方式では教師が効率よく教えるために子どもたちに黙ること、座ることが授業の「当たり前」であるという刷り込みをする。

子どもが発言しようとする時、席を立った学習行動しようとする時、子どもは挙手をして、教師の許可を得ることが必要になる。一方教師はどうかというと、自分の好きなタイミングで好きなことを発言することができる。また教室の中で自由に動き回ることもできる。ある学生はこの「黙れ、座れ」の伝統的なスタイルに「不公平」であるという言い方をした。

しかし、こうした不公平はそれが文化になっている限り当たり前とされる。授業にはこのような「当たり前」（無意識）がたくさん存在する。たとえば授業中できる限り静かにすることも当たり前である。滅多に教師に質問しないことなども当たり前である。

理想の授業づくりのような授業っぽくない授業、創造的授業を行おうとする時、その一番の抵抗となるものがこの「当たり前」感覚（無意識）である。教員志望のゼミ学生たちに理想の授業づくりを促す時、彼らの「好きなこと（言語活動）」を教材として取り上げるのであるが、このような当たり前感覚（無意識）が強いと、なかなかその「好きなこと」が出てこない。たとえば、授業とは「①教科書の問題について、②その内容を板書しながら説明し、③それをノートに写させ、④場合によってはグループで少しおしゃべりをし、⑤最後に、教師がその日に学んだことを短い言葉でまとめる」ものである、という当たり前が存在する。こうした学生が持つ無意識は「授業っぽさ」とも呼べるだろう。

この無意識は学生だけでなく、指導者の中にも存在している。この授業っぽさの壁が授業づくりを不自由にしている。もちろん授業がまったく自由気ままに行えるものでないことは言うまでもない。たとえば学習指導要領という制度枠組み、「主な」教材としての教科書使用というルール、もっと言えば、教育基本法、文部科学省や地方自治体、学校の考える方針なども制約条件になる。教育公務員である教師はそういう制約を十分に理解している必要がある。

しかし教師の授業づくりの自由を縛るものは、そうした制度やルールや方針よりも、もっと無意識に学校の中で行われている「授業っぽさ」であることの方が大きいのである。たとえば、授業の指導過程として「導入・展開・まとめ」がよく言われる。

しかし、わたしは、普段「導入・展開・終末」というふうに学生たちに言うようにしている。指導過程を「導入・展開・まとめ」と終末を「まとめ」としてしまうのは、これまで学校教育における中心的な授業方法だった授業スタイルの終末部が「まとめ」であったということに過ぎない。授業の終末部で「まとめ」として「その授業の中で教師が教えたことを短く要約して子どもたちに伝え直すこと」が、これまでの授業では定番になっていたからに過ぎない。たとえば、体験学習をベースにした子どもたちの「学び」を重視するような授業では授業の終末部は「（教師の）まとめ」ではなく、「（学習者による）ふり返り」になる。体験を通して各自が気づいたことをそれぞれが言葉にすることで学びに変える。教師はその学びに変える作業をサポートするために、学習者にふり返りを行うことを要求することになる。

しかし、まとめが当たり前の意識があると、ついそう終わりたくなる。この授業っぽさの壁からどのくらい自由に授業をつくれるか。

理想の授業づくりを行うと、この授業っぽさという「当たり前」（無意識）に縛られて、自分の持つ「当たり前」感覚だけで授業をつくろうとする学生がいることに気づかされる。こうした学生の場合、時間をかけてその「当たり前」感覚をゆるめる必要がある。

しかし、この「当たり前」をゆるめるのは案外難しい。なぜなら、この「当たり前」はその学生の学習者としての成功体験と深く結びついていることが多いからである。理想の授業づくりではそうした学習者としての「当たり前」を疑えるようにする新しい体験が必要である。

(二)　A・Hさんの「キャッチフレーズを作ろう!」の授業による授業開眼ポイント

学生の授業づくりに十年付き合ってきて、うまい学生は最初からうまいなと思う。わたしのような無器用教師から見ると、学生として初めてやる授業でなぜここまでできてしまうんだろうと羨ましくなる学生が少なくない。他の学生と同じことを教えていても最高到達点が全然違っていたりする。もちろん熟練教師と違って細部がうまいという訳ではない。授業の軸がぶれないというか、根本のところで、本人の理想の授業をほぼ自力でつくりあげてしまうのである。指導者であるわたしは「それ、それ。いいね!」と言うだけでよい。他の学生には「ここ、ここ。ここね!」と指さすだけだ。

ただし授業づくりは才能だけでやれしまうほど甘くない。学生としての四年間の過ごし方、就職後の教師としての自己トレーニングでその後の伸びが大きく違ってくる。

こういう、うまい学生とは反対にスタートでもがき苦しむ学生がいる。

もがき苦しむポイントは授業リフレクションの弱さにある。

授業とはかくあるべしという「当たり前」感覚にしばられて、自分のつくった授業に手応えを感じとることがなかなかできない。これまでの生徒としての学習のクセでついつい指導者の評価(顔色)や授業の出来映え(完成度)が気になり、目の前の授業に焦点が合わない。

Ａ・Ｈさんも最初、この目の前の授業への焦点の合わなさに苦しんだ一人だ。二回目に挑んだ「キャッチフレーズを作ろう！」を次のようにふり返る。

今回の模擬授業は前回に比べて、何を伝えたいのか、どうなって欲しいのかなど明確にした状態で臨むことができました。そのすべてができたわけではありませんが、明確にできていたことで、学習者の反応や発言に注目することができました。

つまり前回の授業では授業の焦点がぼやけて手応えを感じとれなかったのである。

以下、「今回つかんだ授業のつくり方」について、授業記録をもとに見ていく。まず、この理想の授業づくりのきっかけは次の通りである。

この授業にした最初の理由は、短い言葉で読みたいと思わせる作文のタイトルづけが好きだったこと、『伝え方が九割』と言う本を読んで、短い言葉での伝え方の面白さを知ったからでした。しかしそれらは具体例が浮かばず、内容が深まらなかったので、自分が好きなバレーのキャッチフレーズという、短い言葉で選手を印象づけているものに注目しました。

Ａ・Ｈさんが面談に持ち込んだ最初のプランは「見出しづけ／タイトルづけ」。

①身の回りにあるタイトル・標語・見出しの特徴と効果を考える。

②文を読んで、または、絵を見て、それに合うタイトルをつける。

悪くはないけれども、面白いとは言えないプランだった。わたしは「たとえば、身の回りにあるタイトル・標語・見出しで、Ａさん自身が、印象深く記憶に残っているタイトルには何がありますか？」と質問した。

しかしＡさんからはなかなか具体例が出てこなかった。

確かにＡさんが「タイトルづけ」が好きだったことは間違いないかもしれないけれど、具体的経験のくり返しや印象に残る具体的なエピソードは持ち合わせていないようだった。

「文や絵にこだわらず、思い出せる短い言葉はある？」。そう質問すると、全日本女子バレーボールの名セッターだった竹下佳江氏の「世界最小最強セッター」というキャッチフレーズを思い出した。そして、そこから先、芋づる式に全日本のバレーボール選手たち（男子も女子も）につけられたキャッチフレーズを口にした。Aさんは高校時代も現在もバレーボールが大好きだったのである。

「ファン雑誌みたいなものも持っている？」

「もちろん持っています」

プランではタイトル・標語・見出しについての一般的な授業づくりであったのが、竹下氏の「世界最小最強セッター」が出てきたら、一挙に具体的な教材づくりが見えてきた。この「好きなこと」が見えたことで授業の軸も明確になったと言える。そこから先の授業づくりは本当に自然な流れの授業づくりだった。以下、A・Hさんの作った実際の授業記録を引用する。

1．チェックイン

ハロウィンということもあり、四分の三の人が元気と答えました。教材的にも楽しくやってほしかったので元気な人からは力を借り、元気でない人も楽しめるよう、テンション高めに盛り上げて授業をしようと思いました。

2．バレー選手のキャッチフレーズ紹介

まずはどんなキャッチフレーズがあるのか、雑誌や選手の特徴と共に紹介していきました。

・バレーを知らない人のために選手の身長など具体的に紹介し、キャッチフレーズを理解しやすくしたかったのですが、少し長くなりすぎてしまいました。

・雑誌風にまとめることを意識させるために雑誌を初めに見せましたが、その表紙に好きな選手がいたり、昔好きだった人に似ていると思って授業を受けていた人がいたと聞き、みんないろんな思いで授業を受けていることを知ることができました。

3．ゼミ生のキャッチフレーズを考える

バレー選手と同じようにゼミ生のキャッチフレーズを三〜四人班になって考えました。時間を四回に区切って、一回につき隣の班の人一人のキャッチフレーズを考えます。一枚の紙にみんなでできるだけ多くの案を出してそこからいいものを一つ決めます。約束として人が嫌がることは書かないとしました。

・国語の教材研究で表現教育を元気にする方法を考えた際、漫画の吹き出しを考える、CMを作るなど大人の真似をするような活動案が多く、そうした活動は子どもが喜ぶのかなあと思い、今回〝雑誌〟という形を取り入れてみました。そしてその期待通り、Sさんが模造紙の使い方や書き方、写真の貼り方、案の出し方（まるっ！アンダーラインシュッ！）が編集者気分と言ってくれてたので狙い通りに楽しんでもらえたのかなあと思いました。

・考えるときのポイント(逆の言葉、見た目等)をバレー選手の写真があるときに板書したかったのですが、写真をはずした後になってしまい、わかりにくくなってしまったと思いました。一方で最初からあるとそれに頼ってしまうから後からがいいと言う意見もあり、どちらが効果的なのか考えていきたいと思いました。

・**私は今回、私が竹下選手のキャッチフレーズを見たときのこれだ!をみんなに感じてもらいたいと思って授業をしました。そしてその狙い通り、Hさんが「サーティーワンカール」というキャッチフレーズを発見した時のビビっときた瞬間を見て、やっと自分の好きなもので授業をする意味が分かった気がします。段取りや構成は下手でしたが、これを感じることができて満足しています**（太字は筆者による）。

4．キャッチフレーズを発表する

班で考えたキャッチフレーズを発表し、写真の横に書いていきました。

・考えた班ではこれだ!となった、サーティーワンカールを発表した時、もう一つの班はあまり反応しませんでした。また、Hさんの（キャッチフレーズ）を考えた班では同じ紙にみんなで書いているのに、〝和〟という言葉が二つも書かれていました。このように、狙いとしてありませんでしたが、考え方の違いや、共通理解も体験することができる授業になったのかなあと思いました。

5．チェックアウト

好きな選手や好きだった人のそっくりさんなどカミングアウトもあるなか、キャッチフレーズが嬉しかった、元気になったという声が多く聞かれました。

実際の授業よりも最初のプランの方がずっと「授業っぽい」と言ってよい。

授業っぽい授業ではまず身の回りにある材料から本時の学習のねらいに近づくための学びの勘所を抽出する。次に、その学びの勘所に従って実際に自分たちもつくってみるという展開になる。たとえば、教科書を使った授業づくりであればこのような展開になるだろう。

しかし、理想の授業づくりでは教材がA・Hさんのよく読むファン雑誌になる。そのA・Hさんのファン雑誌を見て教室が一気に沸き立つ。

もちろん、必ず沸き立つとはいえないけれど、授業者であるA・Hさんの「好きなこと」が引き金になって、その「好きなこと」が周りの学生たちの感情を刺激する。A・Hさんの教材として見せたファン雑誌の表紙に「好きな選手がいたり、昔好きだった人に似ていると思って授業を受けていた人がいた」という部分がそうである。教室の中に、こういう感情が巻き起こるということが、そのあとの「キャッチフレーズづくり」を大きく後押しする。

ファン雑誌が意図している読者サービスの工夫も授業に影響してくる。

何から何までうまくいった授業ではない。しかしA・Hさん自身が授業後のリフレクションで、書いていたように「何を伝えたいのか、どうなって欲しいのかなど明確にした状態で臨むことができ」「そのすべてができたわけではありませんが、明確にできていたことで、学習者の反応や発言に注目することができました」と書くように少なくない成果を収めたと言える。

下からの道の教材づくりをA・Hさんは身につけたと言ってもよいだろう。

まだ授業について整理できていな部分が多くあるのは間違いない。しかしブレなく「学習者の反応や発言に注目」したと言い切れている点は、授業づくりの最も核心的部分を掴みとったと言ってよい。授業づくりの初心者がクリアーすべき最大の課題は授業の中で自分のこだわりにキチンと目がいくこと、対応できることであるからだ。

Ａ・Ｈさんは、この授業を通して、そのことを体験的に学んだのである。

(三)　理想の授業づくりと「鵜呑み（イントロジェクション）」

理想の授業づくりでは授業者の「好きなこと」（こだわり）を核に授業をつくり上げる。「好きなこと」（こだわり）は別の言い方をすると「強み」である。授業者の持つ他者とは異なる特徴を核に授業づくりをすることで学習者に影響力のある授業をつくり出せる。

しかし「キミの強みは何ですか？」と質問するだけでは反応は薄い。

「わたしは特に強みはないです。考えたこともないです」

「だったらキミのこだわりは何かな？」

「キミの好きなことって何かな？」

学生にインタビューしてみると、彼らが自覚しているのは「強み」ではなく「弱み」であることが多い。その「弱み」は主に高校時代の進路指導などで擦り込まれるようである。

進路指導ではよりよい大学に入るため弱点克服戦略が採用されるからである。弱点克服戦略では教科の偏差値（平均）を上げるために得点アップが難しい「強み」にフォーカスするのではなく「弱み（弱点）」に着目する。そうすることで偏差値の平均点を上げる。

少しでも偏差値の高い大学に進学させたい進学校の指導としては大事な戦略である。

つまり進学校を出た教員志望の学生はこの戦略によって大学に入ってくる。勝ち抜くための戦略として弱点克服戦略が刷り込まれている。

教員志望学生にはこういう刷り込みがたくさんある。先述した様々な「授業っぽさ」もそうである。この刷り込みのことをゲシュタルト・セラピーでは「鵜呑み」という。この「鵜呑み」が創造的な授業づくりを阻むことになる。

「鵜呑み」とは、親の価値観や社会の価値観をそのまま鵜呑みにして取り入れてしまった状態のことです。子どもは親の価値観を受け入れることで大人になるわけですが、それらの価値観をまったく無批判に取り入れてしまうことです。社会通念や文化も同じように無批判に取り入れられてしまう傾向があります（百武正嗣著『気づきのセラピー――はじめてのゲシュタルト療法』〈二〇〇九、春秋社、七九頁〉）。

しかし鵜呑みした価値観は自分がそもそも持っている価値観ではない。無意識に飲み込んでしまった価値観に過ぎない。そのため消化しきれないまま授業づくり（創造）の邪魔をする。この鵜呑みを克服するためには、鵜呑みしたことを一端吐き出すことが必要である。そうすることで自分が実感として感じていること、考えていることを取り戻すことができる。

鵜呑みした価値観を吐き出すには大きく二つの方法がある。

A……授業づくり面談において「～すべき」と考える自分と「好きなこと」と感じる自分を比べることによってフローする自分はどちらかに気づく。
B……協働でリフレクションするグループの人たちの価値観と自分の価値観を比較してもらうことで自分が無意識に取り入れていた価値観に気づく。

Aでは「～すべき」（授業っぽさ）という鵜呑みに縛られてつくってきた授業プランと「好きなこと」を学習活動（学びのしかけ）としてつくった授業プランを比べてもらう。最初は授業をつくることと言えば、教育内容を「授業っぽさ」でコーティングすることと考えていた学生が、「好きなこと」を学習活動（学びのしかけ）として授業プランに組み込んだものを自分なりに味わってみることで、活動の中にある学びの価値を実感できるようになる。

Bでは実際に理想を実験授業してみて、それをその授業を体験した人たちと一緒に協働的に授業リフレクションする。その理想の授業の中にある「よさ」（学びの価値）を指摘し合う。そういう実験授業（「授業っぽくない授業」）を自分のもの、仲間のもとといくつも体感することによって、自分の中にあった「〜すべき」という殻が徐々に剥げ落ちていく。

A、Bの体験によって徐々に実感によるリフレクションが磨かれていく。頭だけではなくて、感情も使って授業づくりができるようになる。

ゲシュタルトでは気づきは次の3領域で起こると考える。

◎外部領域……現実世界の気づき。現実という環境をどのように掴むかである。
◎中間領域……思考過程の気づき。過去や未来のことを考える。鵜呑みはここで起こる。
◎内部領域……心の実感の気づき。身体感覚や自分の感情をどう掴むかである。

従来の授業研究におけるリフレクションは中間領域の思考の気づきを軸に行われてきたのであるが、その部分だけ掘っていっても創造的な授業づくりは生まれてこない。そうではなくて内部領域で生まれる心の実感をていねいに探っていくことで新たな気づきが出てくる。

もちろん内部領域だけを探るのではなく、三つの領域を行き来するとよい。この行き来のことをゲシュタルトでは「シャトル」などと呼んでいる。

この領域移動をすることで鵜呑みがゆるんで創造性が刺激される。創造性が刺激されることで新しい授業づくりが行われる。

第四章　理想の授業づくり：教員研修への接続

一六　作り手としての「好き」を意識する

(一)　教師としての「好き」をさぐる―穴を探す―

今では信じられないことかも知れないが、わたしが小学校教師になった一九八〇年代前半は、教育書を何冊読んでも試せる授業チップス（ネタ&コツ）を見つけることができなかった。研究者は理論だけを書き、実践家は授業事実ばかり書いていた。自分の理想の授業づくりをするための手がかりとなる授業チップスを見つけることがすごく難しかった。わたしの教師修行十年は授業チップスがなかなか見つけられなかった前半五年間と様々な授業チップスが少しずつ出回り始めるようになる後半五年間に分けられる。

遠く僅かに残る記憶を辿りながらまず前半五年間を書いてみる。理想の授業づくりに連なる記憶を思い返してみる。

まず教師になる直前の大学四年間にやったことは日本の近代小説を読みあさることだった。

文庫本を数珠つなぎに読んでいった。この日本の近代小説が大きなテーマとしたのが創造性だった。既知の出来事について習い覚えるよりも新たに何かを創ることを何より価値あるものとした。

わたしは大好きだった小説を通して創造性という思想にかぶれた。そして田舎の小学校教員になった。教育公務員であるから習い覚える教育は当然だが、なにより創造性の教育がしてみたかった。習い覚える教育の象徴と考えたのが漢字指導。まずこれに手をつけた。創造性の教育の象徴は作文指導。これにも同時に手をつけた。

作文指導は教員一年目の教科書にあった作文ノートがきっかけである。五月の単元にあった。子どもたちに日々の作文の書き方を学んでもらうために様々なバリエーションを加えながら、一〇年間ずっと作文ノートを柱にした指導を続けた。わたしは、作文ノートが大好きだった。

その作文ノートを両輪の一つとして理想の作文授業づくりが始まった。どういうふうにしたら理想の作文授業づくりができるのか。ヒントが欲しくて夢中で授業チップス探しをした。

当時の教科書に載っていた作文授業は題材探し、構想図づくり、執筆、書き直しという文章作成手順を教える方法ばかりだった。わたしはそれをまったく面白いと思わなかった。

確かに書く手順は教えられるけれど、書く面白さが伝えられるとは思えなかった。わたし自身が「好き」と感じられる作文指導をしてみたいと思った。理想の授業づくりの核になる授業チップスを夢中になって探した。

教科書が文章作成手順の指導なので当時の主流の教育書にはわたしの欲する授業チップスを発見することができなかった。民間教育研究団体（日本作文の会他）の教育書を探ってみても、実際の子どもの作文を批正するスタイルの授業ばかりで、わたしには面白いと思えなかった。

そうした中で発見したのが樺島忠夫著『文章作法―表現力で遅れをとるな―』（一九七〇、日本経済新聞社）である。この本によって、わたしは文章工学という考え方に出会う。

文章工学を一言で言うと文章作成に役立つ文章パターンの抽出である。たとえば子どもたちに書いてもらいたい作文があるとする。何らかの活動が行われていて、それを記述する作文を書こうとすると、書き方のパターンが見えてくる。文章は心の赴くまま自由に書けばよい訳ではなく、効果的に伝える記述にするには、活動内容を掘り下げる文章パターンやきっかけとなる言葉の知識などが必要になる。

この考えを学び、書くためのヒントを条件とした作文授業づくりを工夫するようになる（後になって、このタイプの授業づくりを「条件作文」と呼ぶことを知る）。

たとえば「わたしの好きなものは××です」などの書き出し文を提案する指導をする。こういう提案をすることで、子どもたちは自分の好きなものを書く作文がグンと書きやすくなる。ちなみに二文目には「なぜかというと（理由は）…」と追加条件を加えることもできる。こうした条件を提案することによって子どもは徐々に作文が書けるようになっていった。子どもの書いた作文はグループで読み合ってベスト一を決める仕組みとした。授業後半でグループのベスト一作品を発表し合って楽しむこととした。この発表の仕方を「発表の二重方式」というふうに名づけた。こうしてわたしの理想の作文授業づくりがほぼ完成した。

その後は、どういう条件を提案すれば作文を楽しめる授業が創れるか。書店に出回っている教育書よりも古い時代のものを探した。たとえば、芦田恵之助著『教式と教壇・綴り方教授』（一九七三、明治図書）、東井義雄著『村を育てる学力』（一九七二、明治図書）、土谷正規著『総合学習の考え方・すすめ方』（一九八二、あゆみ出版）である。

また、条件探しは、うまく書けた子どもたちの作文の中からも行った。つまり、作文は条件を提案して書かせて終わりではなく、その書かれた作文の中で成功した条件を探りだし、それを次の作文授業では新たな条件として提案するようにした。

こういうリフレクティブな授業のくり返しを最初の五年間行った。

(二) 教師としての「好き」を深める―穴を掘る―

一九八〇年代後半、様々な授業チップスが教育ジャーナリズムに出回り始める。向山洋一氏が提起した教育技術の法則化運動が若い教師たちの間に広がり始める。これまで真似をすることすらできなかった授業づくりを追試できるようになったからである。この教育技術の法則化運動では授業スキルの標準化・言語化が行われた。そのため若い教師であっても様々な授業づくりに関する授業チップスを身につけることができるようになった。勉強熱心な教師たちは貪欲に授業チップスを学んでいった。その結果、若い教師の授業づくりの技量は一定程度進んだと言ってよい。

しかしその後、ある分岐点が生まれる。さらなる技術の修得によって教師力を伸長させようとした教師と自分の「好き」（こだわり、価値）の追究をした教師に分かれていった。わたしは教育技術の法則化運動に学びつつ理想の授業づくりに邁進した。わたしの理想（好き）は書くことを中心とした授業づくりだった。自分の可能性を追究するにはそれが必要だと感じていた。

わたしの理想の授業づくりは見たこと作文という追究型作文に結晶していった。見たこと作文の実践では、たとえば、クラスにタンポポという追究材が提案される。するとある一定期間、クラス中の子どもたちが寄って集ってタンポポのふしぎを追究する。それが面白くて仕方なかった。完全なフロー状態で実践が続いた。わたしの「好き」が爆発した。拙著『見たこと作文でふしぎ発見』（一九九〇、学事出版）によると、次のようなタンポポのハテナが子どもたちによって追究された。

・花びらの「数」は？
・花びらが閉じる「理由」は？
・わたげは何に「似ている」か？
・ねっこの「長さ」は何センチ？
・くきはどんな「音」がするか？
・くきの長さは「変化」するか？
・おしべ・めしべの「有無」は？

・どんな「場所」に咲くのか？

ハテナは個々に追究されるのではなくて、個の学び方の特長（「見ることが得意」「聞くことが得意」「読むことが得意」「考えることが得意」）が紡ぎ合わされて様々に追究された。一人ひとりの子どもの学び方の特長によって追究された学びが教室で統合された。協同学習とも言えるだろう。

たとえば二年生のクラスでは最初、花びらの数は「数え切れないほどあった」と報告された。しかし教室で「本当に数え切れないのか？」がやり取りされると、ある子がその数を一一五枚であったと報告をする。それをきっかけに複数の子どもたちが花びらの数を数え出す。そして花びらの数は花の大きさで違いが出るという新たな発見をもたらす。子どもは一人で調べるだけでなく親も巻き込んで調べ学習をした。追究はさらに「花びらの数はおよそ何枚あるか？」という方向に進む。

そして花びらの数はおよそ二〇〇～三〇〇枚。花びらの数はやはり花の大きさによって数が違ってくることを図鑑の記述と照合させていく（ここでの「花びら」は正確には花である）。

このような追究を子どもたちはノートに書いてきて教室で交流が行われる。子どものノートに書かれた作文は以下の文章構造になっていた。

予告の文……タンポポを見つけて、花びらの数を数えた。
事実の文……お母さんと一緒に数えると、お母さんは一二四、ぼくは一〇九だった。
考察の文……花の大きさで花びらの数が違うとわかった。

このような文書構造が複数の子どもたちの書く作文の中から発見された。この発見された構造を子どもたちに整理して教えることで子どもたちの追究はさらに加速していった。

一つの作文には上記のように一つのことを書くように指導すると主題の統一度が高くなった。また一つのテーマを掘り下げて書くことができるようになった。作文の質が上がっていった。

個々の子どもの学び方の特長を支援するためには以下の作文授業を創っていった。

・スケッチ作文の授業……あることを見て箇条書きをする作文づくり。見ることの得意な子どもが見たことを見ただけ書けるようにした。

・鉛筆対談の授業…………二人で筆談をする作文づくり。聞くことが得意な子どもがその聞いたことを落とさずに書けるよう工夫した。

・資料活用作文の授業……本などに書かれたことを引用して書く作文づくり。読むことが得意な子どもが読んで考察ができるようにした。

この三つの作文授業スタイルについて『子どもが熱中する作文指導20のネタ』（一九九二、学事出版）で次のように書いた。

次の三つの作文の授業については、少し詳しく書いた。

①スケッチ作文

②鉛筆対談

③資料活用作文

子どもたちの『見ること』『聞くこと』『読むこと』という三つの情報収集の型に対応した作文スタイルの基礎から応用までである。

前著『見たこと作文でふしぎ発見』（学事出版）で提起した「見たこと作文」という追究型作文の中心的な位置を占める作文スタイルである。

この見たこと作文と見たこと作文を支える三つの作文授業づくり実践をしていたころは、授業づくりが面白くて仕方がなかった。頭の中はコレばかり考えていた。

たとえば、子どもたちの見る力を鍛えるためには、どのような授業があるかを様々探した。博報児童教育振興会編『国語教育実践の開拓』（一九八三、明治図書）というマイナーな本の中から児童文学者・福田凱馬氏の「番号作文」を探し出した時には、これで指導がイッキに進むと喜んだ。番号作文は構成なしで自分の発見・想起を書き留められる箇条書き作文である。この番号作文の発想をベースに、見たことを鍛える授業の発掘・開発をした。同様に聞くことを鍛えるために「鉛筆対談」を、読むのためには「引用」を使った作文授業を発掘・開発した。

（三）作り手としての「好き」を自覚する

一九八〇年代半ばに向山洋一氏の教育技術の法則化運動が提示した教師教育論は「追試」を中心にした方法論であった。それぞれが発掘・開発をした教育技術を標準化・言語化し、それを互いに追試することによって、授業技術を磨き、教師として成長していく。

わたしも当時の若い教師たちと共に、この追試論で多くを学んだ。しかし、いま「理想の授業づくり」という発想をもとに当時自分あるいは自分の周りの若い教師が行っていた追試による学びを吟味してみると、自分の授業スタイルをつくり上げていった実践家と自分の授業スタイルを作り切れなかった実践家に分かれるように思う。その分岐点がなぜ生まれることになったのか。改めて検討してみたい。

まず前提として、当時は大量の授業チップスが巷に溢れるようになっていた。このことが背景にあって教師として授業づくりをする際にも「生産者的」好きではなくて、「消費者的」好きによって実践する若い教師が増えていったことがあるだろう。いまで言えば教育系ワークショップにはまり込む教師の存在と似ている。彼らは複数の教育系ワークショップに参加して「リア充」を感じるようだ。「これってイイ、これって楽しい、これって大好き！」

その没入は大切である。しかしワークショップで体験したことを自分の教室で実践しようとした時、ある段差につまずく。なぜか。ワークショップ実践の入り口はファシリテーターによって入りやすく加工されている。しかし実践はそれで終わりではない。どんな実践にも必ず入り口の先に子どもたちとの冒険が待っている。冒険、つまり加工されたワークにはない予想外の出来事である。ポイントはここである。この予想外をどのようにリフレクションするか。

多くの「消費者的」好きで動く教師はここで勘違いしてしまう。あんなに楽しかったはずのワークショップが自分の教室で試してみたらうまくいかない。そこでこう考える。「そういえば、あのワークショップに参加していたのは熱心な教師ばかりだった。あのワークショップはあのメンバーだからできたのではないか。あるいは、あのファシリテーターだからできたのではないか。確かに、楽しくて面白かったけれど、少なくとも自分の教室には向かなかった。どこか他に、もっと楽しく自分の教室でも成功する方法があるんじゃないだろうか！」こうして自分が消費者として楽しめそうな方法を次から次へと梯子していく。しかし梯子をしても梯子をしても「自分の好き」は見つけられない。そのため自分らしい授業スタイルを創り出すことができない。

しかし「生産者的」好きの持ち主はこれとは異なったリフレクションをする。彼らは少々の教室実践の失敗にはへこたれない。場合によっては大コケしてもめげない。彼らはその体験（ワーク）を芯から面白いと実感していて、教室実践の失敗、大コケ体験の中にも僅かな手応えを感じることができるからである。僅かな手応えの先にある何かを感じるからである。「確かに教室実践では失敗してしまった。うまくいかなったかもしれない。しかしあのワークショップの時に実感した『好き』が僅かだけど教室の中でも感じることができた。あの『好き』を徐々に大きくしていくことができれば、きっと自分の『好き』は実現できる！」と。

一九八〇年代後半、自分の実践をレポートに書いて検討することが盛んに行われた。その際その実践成果を実感して書いている人と、周りの人に評価してもらうために書いている人とに分かれていたように思う。実感派の実践レポートは自分の僅かな手応えを書いて発表する。その僅かな手応えをさらに確かなものにするために、周りの人たちに検討してもらおうとした。ところが自分の中の実感を持てないまま実践をした人は、周りの人に評価してもらうことで充足しようとした。そのため、そういう評価がしてもらえない実践はすぐに捨て、次のよさそうなものを探した。「生産者的」好きと「消費者的」好きの違いは実感の感じ方にある。

「生産者的」好きは自分の心が感じる実感をたよりにしている。「消費者的」好きは周りの声にアンテナを合わせている。理想の授業づくりは自らの実感が最大のたよりである。

一七　こだわりの教育技術を書くことで模索する

(一)　こだわりの教育技術を意識する

大学授業で学生を相手に模擬授業を実施し、リフレクションを書いてもらう。模擬授業を通して、気がついたこと・感じたこと・考えたことを一つに絞って掘り下げていく。リフレクションを紙に書く作業を通して自分自身のこだわりと向き合ってもらう。

最初のうちは誰もがわかるようなよさを書いてお茶を濁す学生もいる。しかしわたしは「自分の実感と向き合って下さい」と檄を飛ばす。確かに、だれもが知っていた方がよい授業の基礎技術はある。たとえば、拙著『子どものやる気と集中力を引き出す授業30のコツ』（二〇〇五、学事出版）では「授業づくりの基礎技術10のアイテム」として以下10の教育技術を書いた。

説明
板書
ノート指導
机間指導

指示
指名
グループ指導
発言・発表
話し合い
評価

どれも基礎技術であるがどれにこだわるかは学生によって異なる。また同じ基礎技術であってもこだわり方が違っている。それによって教育技術の見え方も一様ではない。

たとえば、説明は授業づくりの中で最も基礎的な教育技術の一つである。この最も単純に見える説明技術でもこだわり方一つで見え方が変わる。

たとえば、説明技術は、一般に次のような説明が行われる。

・話の構成のしかたを工夫する。
・分かりやすく話す工夫をする。

話の構成のしかたでは「頭括型・尾括型・双括型」などの構成知識が活用される。わかりやすく話すでは「明瞭な声や適正な速さで話す。間をとって話す」がある。

文部科学省のホームページなどでもこうした技術整理が行われている。

しかし学習者の動機づけの観点から技術整理をすることもできる。たとえば、前出のわたしの本では、心理学者の海保博之著『説明を授業に生かす先生』（一九九四、図書文化社）の「説明において動機づけに配慮する」に書かれた以下二点に焦点を当てる。

・その気にさせる
・飽きさせない

前者「その気にさせる」の技術としては次の三点を挙げている。
・注意を引きつける……例：声の大きさを変化させたり、板書の一点を注視させる。
・興味・関心を引きつける……例：モノを見せる、簡単なクイズを出す。
・趣意説明をする……例：冒頭で話の予告をする。
また後者「飽きさせない」の技術としては次の三点を挙げている。
・具体化をする……例：「たとえば」を使って話す。
・たとえをする……例：別の世界を持ち出す。
・共通語を使う……例：子どもの関心のあるジャンルのイメージを借りて説明する。

文部科学省ホームページの説明スキルの主語が教師であるのに対し、わたしが引用・紹介をしている説明スキルの主語が学習者になっているところに違いがある。

同じ技術でもこだわり方で技術の見え方が違ってくるのである。そこに授業者のこだわり、授業観の差が出てくるのである。このこだわりと教育技術の関係をより意識的にすることによって、それぞれの学生、教師の授業づくりをその人らしい授業づくりにしていくことができる。

そのために自分のこだわりの教育技術を書いてみるとよい。書くことによって見えてくるものがある。

(二)　わたしのこだわりの教育技術はノート指導である

教員になって実践を続けていくと、こだわりの教育技術が出てくる。たとえば上記「授業づくりの基礎技術10のアイテム」でわたしはノート指導にこだわりを持ちながら授業づくりを行った。これは自分の強みとも関わっていると考える。

『子どものやる気をひきだすノート指導』（一九九五、学事出版）という単著も書いている。最初にノート指導に着目したのは野口芳宏氏の著書によってである。野口氏の『授業を鍛える』（一九八六、明治図書）である。この本で、野口氏は、従来通りの「挙手・指名」方式は、察しのよい子、頭の回転の速い子、口の達者な子など、いわゆる頭のよい子中心の授業づくりになってしまう。そういう授業づくりをしていてはダメで、すべての子どもが活躍できる全員参加の授業にすべきと主張した。

ではどうするか。「ノート作業・机間巡視・指名」方式に切り換えるべきという。授業スタイルをこの方式に切り換えることで全員参加が可能になる。

野口氏は、子どもに自分の考えを小刻みに書かせることによって、潜在化している子どもの思考を顕在化させることができ、これによってよく挙手し、わかっている子だけの授業ではなく、これまでわかっていないとされていた子を含めた授業が可能になるとした。

この野口氏の考え方と方法は、激しく強くわたしの授業観をゆさぶった。わたしはずっと子どもの頭の中をかち割ってでも見てみたいと強く欲望していた。子どもの頭の中を見ることができれば、その思考を指導することができる。しかし医者でないわたしに子どもの頭をかち割って見ることはできない。そのことをとても残念だと考えていた。

頭をかち割るというイメージは穏当ではないが、当時は本気でそう欲望していた。野口氏の考え方と方法は子どもの頭をかち割ることなしに彼らの思考を顕在化させる可能性をわたしに提示してくれた。わたしはわたしの目の前に、大きな教育の可能性が開かれていくイメージを持つことができた。「これでようやく理想の授業ができる」と思ったのである。野口氏のこの考え方と方法によって、少しずつ自分の理想の授業がつくられるようになった。

そのことを拙著『子どものやる気をひきだすノート指導』（一九九八、学事出版）は次のように書く。


手をあげない子どもたちが決して考えていないのではないということを発見するためには次のことをするだけでよい。

発問したら、まずノートに書かせよう。


これで授業は一変する。

それまでまったく発言することのなかった子どもたちでも、「書きなさい」と指示されると、全員が書く。たとえば、

『この作品の季節は何ですか？』

こう発問したとする。

『春か夏か秋か冬か。ノートにズバリと書きなさい』

右のように指示する。

この「ノートにズバリと書きなさい」は、国語教育の大ベテラン野口芳宏氏の指導言である。

この指示ですべての子が季節を書く。全員参加の授業になる。

『その理由も書きます』

理由になると、ちょっと難しくなる。

しかし『なぜ自分がその季節だと考えたのか。判断した以上その証拠となるものが作品の中にあるはずです。それを見つけて理由を書きます』のような助言をする。

これでほぼ全員の子が書けるようになる。まず書けるはずであると説得する。そして援助するのである。

この短い作文が書けさえすれば、どんなに話すことの苦手な子、内気な子でも、教室でノートを読み上げることで発言ができるようになる。

なぜならノートにはすでに発言のための原稿が書かれているからである。
たとえば、次のようにである。
「春です。
イヌノフグリが咲いていると書いてあるからです。」
ただノートを読み上げるだけでよい。ごく簡単である。
ノートに書かれた作文を発表用の原稿として使うことで、子どもたちの多様な考えを引き出すことができる。
ノートに書きなさいの一言が授業を変えるのである。

技術へのこだわりを書いているが、書かれているのはわたしの理想である。わたしが当時実現したいと欲望していた授業がこの「こだわりの教育技術」を使うことで「一変する」ように実現することができる、できるはずであると喜んでいる。

もちろん、ここに書かれた技術だけで全員の子が発言を始めるかと言うとそうではない。たとえば、『春か夏か秋か冬か』に逡巡して鉛筆が動かなくなる子がいる。たとえば、『なぜ自分がその季節だと考えたのか。判断した以上その証拠となるものが作品の中にあるはずです。それを見つけて理由を書きます』という助言にもかかわらず、なかなか証拠を見つけることができず、立ち往生してしまう子どももいる。またノートを読み上げるだけが簡単にできない子もいるからである。

しかしわたしはそれらを一つずつクリアーしていった。クリアーするためにノート指導の探究をした。

拙著『子どものやる気をひきだすノート指導』の二章、「ノート指導の究極のコツ」には、足場にした文献を引用し、少ししつこいぐらいにリフレクションをしている。

たとえば次の著作を足場にしてノート指導について検討している。

大森修著『作文技術で思考を鍛える』（一九九一、明治図書）……ノート指導は授業感想から出発するとよい。

有田和正著『ノート指導の技術』（一九九一、明治図書）……授業のまとめには三つの書くことがある。

有田和正ほか著『ノート・レポートの活用と授業』（一九八三、教育出版）……ノート点検の目的は三つある。

高田典衛著『体育授業の方法』（一九七七、杏林書院）……授業感想は自由記述がよい。

国分一太郎著『みんなの綴方教室』（一九七三、信評社）……「三つある式」は思考整理に役立つ。

五十嵐寿ほか著『ノート指導のコツ』（一九七九、あゆみ出版）……時間を区切ってノートを書かせるとよい。

言語技術の会編『実践・言語技術入門』（一九九〇、朝日新聞社）……重点先行で書くとよい。

口井浩「もっとノートを大事にさせる五つの方法」（一九九四、『社会科教育』、六月号）……ノートの発表展示会をするとよい。

東井義雄著『村を育てる学力』（一九七二、明治図書）……ノートは発表原稿として使える。


ある一つのこだわり（アイデア）が発見されると、それが出発点となって、様々な探究が行われるようになる。少なくとも、わたしはそのように探究を行っていた。そのこだわりは、自分の「理想」とつながっていて、多少の困難にはへこたれることはなかった。困難に対しては何度でも理想に立ち戻り、新たな探究へと向かった。

こういうこだわりの教育技術が理想の授業づくりへとつながる。なぜそれができたのか。書くことはわたしの「好きなこと」だったからである。それで自分なりに何度も何度もくり返し書くことを行っていたからである。

それゆえ、授業の中で、子どもたちが書くことに喜ぶとその喜びが手にとるようにわかった。

また、授業の中、子どもたちが書くことにつまずくと我が事のように苦しんだ。わたしもまた彼らと同じように書けないで悩んだり苦しんだりした経験があったからである。しかし、そういう悩んだり苦しんだりの先に発見の光を体験していたからである。だから彼らの困難を本気で叱咤激励することができた。それはフリではなく、まったくのわたしの本音だった。

理想の授業づくりはこのようなこだわりの教育技術からも生まれるのである。

（三）　こだわりの教育技術は無駄な鉄砲アプローチで

新任教員の頃、少し目新しい機器だったＯＨＰに夢中になったことを思い出す。ＯＨＰはオーバーヘッドプロジェクタの略称で、文字や図解を学習者に提示する時に使える表示システムの一種である。いまで言う書画カメラに近い装置である。

教室や会議室には必須の備品となっていた。この装置を使いこなしてかっこよい授業をつくりたいと一時期、張り切って取り組んだ。

写し出す文字や図解は透明シートに手書きだった。毎日一枚作ると決めて取り組んだけれど、思ったような手応えを感じることができず一週間で頓挫した。

ふり返ると、こういう試行をたくさんしてきた。この試行が大事だったような気がする。

自分のこだわりの教育技術が見つかると、そこから探究が始まって、自分の授業スタイルをつくり出していくきっかけになる。授業観を掘り下げることにもつながる。しかしどの教育技術がヒットするかは試行しないとわからない。こだわりの発見には、試行、実験、遊びなどが必要である。

たとえば、ベテラン教師の授業の得意技の話を聞いていると、それが必然的に選び出されたかのように話されることが少なくない。ライフヒストリーの語りなどもそうである。しかし、恐らくそれは物語の選び出し機能によるマジックである。

一つの成功物語（自分がどのように「こだわりの教育技術」「理想の授業づくり」をするようになったのか）を語る時、たくさんの試行錯誤の中から、その「こだわり」「理想」に辿りつく時の選択肢となった出来事が中心に語られることになる。じつは選択肢の選択を誤って、成功に至らなかった多くの不成功物語があるはずである。しかしそれは語られない。

仮に不成功を語るにしてもこうだ。ＯＨＰ活用の授業づくりをするには、わたしの授業観は伝達よりも対話を重視する考え方を当時からもっていた。たとえば教育は既にある世界をただ伝えればよいと考えるか、それとも世界認識を促すかで大きく分かれる。パウロ・フレイレの言う銀行型教育と問題提起型教育の違いである。二つの世界への向き合い方は教師の教育に対する考え方の違いを生むが、わたしは当時から世界は変えて行くべきものと考えていた。ゆえにわたしにはＯＨＰの教育技術は伝達寄りの技術に感じられた。それでこのＯＨＰの教育技術は放棄されてしまったのである。

後づけ的に考えると、そのように考えることができる。しかし、ＯＨＰの教育技術に夢中になって取り組んでいた頃は、それが自分の「こだわり」「理想」とかかわるなどということはまったく考えていなかった。ただ新しい機器が面白くて取り組んでいた。この「面白くて」が大事である。

若い頃のわたしは「書くこと」の教育がとにかく面白かった。その後は「学習ゲーム」「お笑い教育」に熱中した。最近では「体験学習」の学び支援に没頭している。

後づけ的にふり返ると、一本の筋が見える。デューイ的な体験的学びをよしとする哲学・考え方である。

しかし、最初は「下手な鉄砲も数撃ちゃ当たる」方式でやっていた。そして今でも「下手な鉄砲も数撃ちゃ当たる」方式は役に立つと考えている。確かに「これは違うな！」という勘が少し働くようにはなった。しかし最初から赤い糸が見えるという訳ではない。こだわりの教育技術を探し当てようとする際、最初から「赤い糸探し」をするのではなくて、「下手な鉄砲も数撃ちゃ当たる」の心構えでやることがよいと考える。

下手な鉄砲を数多く撃つことで「観」も磨かれていく。

その逆に危険だと感じるのは試行、実験、遊びをしなくなることである。わたしの教師としてのライフヒストリーをふり返ってみると、試行、実験、遊びを積極的に行っている時期と、そうした試行、実験、遊びをストップし、それまでに獲得した方法・技術によって、居心地のよい授業世界に安住している時期に分かれるようである。

やっていて大変なのは、試行、実験、遊びをしている時期である。ラクちんなのは、居心地のよいゾーンにいる時期である。しかし後からふり返ると、理想に近づくのは前者の時期を通してである。下手な鉄砲（試行、実験、遊び）を数撃つ体験が必要である。その試行、実験、遊びからこだわりの発見も生まれる。試行、実験、遊びから理想の授業も生まれてくる。

一八　協働的なリフレクションで支援する

(一)　理想の授業づくりの中の学びの意味

新しい試みをする実験的な授業づくりでは学びの意味の探究が不可欠になる。既に成果の報告がある追試的な授業づくりであれば、学びのしかけの検討が中心になるが、実験的な授業では寄って集って学びの意味を探究することが重要である。授業者はもちろん授業参加者も授業の中の学びの意味を探究する責任がある。

以下に追試的な授業づくりと実験的な授業づくりを比較してみる。

・追試的な授業づくり
・教育方法の一般化を目指す
・効果の確かめられている授業をくり返す
・効果を確かにする条件を整理する授業づくりをする
・仮説検証型の授業研究（検討会）をする
・学びの確度を検討する

・実験的な授業づくり

- 教師の得意技開発を目指す
- 効果の確かめられていない授業を試行する。
- 効果が予想される条件を提案する授業づくりをする。
- 仮説生成型の授業研究（検討会）をする
- 学びの意味を探究する

これまでの授業研究では行政組織や研究機関が様々に提案する「正しいはずの方針案」を追認するような授業研究が普通だった。学校現場は行政組織や研究機関が指さす授業方針案にできるだけ沿う授業づくりを行って、うまくいったという成果を上げる役目があった。

つまり教育カリキュラムは外から提案されることが普通だったからである。

しかしそうした外からの教育改革の考え方は徐々に変化してきている。たとえばアクティブ・ラーニングという指針にしても、大きな改革の方向性を指し示してはいるものの、具体的にどういう授業づくりをするかは教師個々に委ねられていると言ってよい。世界の教育学の流れを踏まえて行われる教育行政政策は今後もこの方向でいくだろう。

追試的な授業づくりも必要だが、実験的な授業づくりの重要性がどんどん増している。

実験的な授業づくりの検討には協働的な授業リフレクションが必要である。

実験的な授業づくりの学びの意味を探究するリフレクションが必要である。

(二)　協働的な授業リフレクションの可能性

ここ数年、協働的な授業づくりを本格的に実践するようになった。

毎年、二年生ゼミ学生と理想の授業づくりをする。その実験的な授業について、一〇人前後のゼミ生と寄って集って協働的にリフレクションをする。

以下、この授業リフレクションの流れを書いてみる。

・各自その授業の良さを箇条書きする。
・全員で輪になって、一人ずつその授業の良さを語る。
・良さを指摘し合うというより、良さを聴き合うという感じである。
・他のメンバーの発言を聴いて、似ている考えがあれば付け加える。
・付け加え発言をすることによってよさを掘り下げる。
・感じ方の違いがあれば吟味検討する。

以前のゼミ授業検討会も授業の良さを指摘するという点は同じだった。大きく違うのは授業の良さを指摘し合うというよりも、自分以外のゼミ生の感じた授業の良さについて聴き合うという関係性がつくられてきた点である。

授業の良さを指摘し合っていた頃は授業づくりを一番よく知っているはずのわたしが最後の最後に締めのコメントをする形式を採用していた。学生たちは自分たちが指摘したものよりも一段上の指摘であるわたしの指導コメントを若干かしこまって聴いていた。

しかし授業の良さの実感を聴き合うようになって変化が起こった。

わたしが締めのコメントを言わないようになった。授業の良さの実感に関して学生たちを信頼できるようになってきた。わたしが締めの指導コメントを言うことによって、逆に協働的なリフレクションの幅を狭くしてしまうということもわかってきた。

ファシリテーターであるわたしの役目が学生の実感を引き出すことに変わった。実感をもとにその授業の良さを深掘りすることを促すことが役目である。実験的な授業では学びのしかけが未だ明確になっていない。授業の出来不出来が不安定なところも存在する。

そうした実験的な授業づくりのリフレクションで最も重要なポイントは授業の良さに焦点を当てることである。良さに焦点を当てることでその授業の学びの意味が見えてくる。

授業の悪さに焦点を当てた発言は従来の授業の見方をなぞることで行える。授業者学生にも学習者として参加する学生にも発見（学び）は少ない。

逆に良さはこれまで気づかなかった新しい授業の次元に気づかせてくれる。それぞれが良いと実感した些細な感覚を聴き合うことで学びのしかけが徐々に掘り下げられる。寄って集って学びの意味、授業の可能性を見つけていける。それによって授業リフレクションの仕方も学べる。

理想の授業づくりを日常的な授業づくりに活かしていくには研究授業をするだけではなく、協働的な授業リフレクションによって授業観に磨きをかける必要がある。理想の授業づくりを協働的に授業リフレクションすることによって、理想の授業づくりした授業者学生にも、次に理想の授業づくりをする授業者学生にも、その次の次に理想の授業づくりをする授業者学生にも、それを日常的な授業づくりに活かす気づきをもたらす。

この授業リフレクションの要点は次の三つである。

- 授業の中からよさを探り出す。
- 授業の中から一番のよさを深掘りする。
- 授業の中からよさを自覚する。

まず多くの授業づくり初心者は授業の悪さに着目する。授業者はもちろんだが、授業を見る学生たちも授業の中の良くない部分に目がいく。しかし、良くない部分に着目しても理想の授業づくりからの学びは小さい（普通の授業づくりを見る場合でも、良くない部分に着目していてはほとんど学びらしい学びはうまない）。

既に自分が知っている授業づくりの悪さを見つけるのは容易である。逆に授業づくりの良さを見つけるには発見の努力がいる。優れた授業者は良さ発見のリフレクションをする。

授業の悪さに着目する見方は現場でも未だ主流である。良くないところを発見・指摘して、それを直すというように考えるのである。しかしそうした授業リフレクションではせっかくの実験的な授業づくりで提案された学びの意味（学びのしかけ）から学ぶことが少ない。

理想の授業づくりを現場に活かすには良さを探るリフレクションが必要である。

次に多くの授業づくり初心者は授業の表層に着目する。たとえば授業の中に発言しやすい雰囲気を感じた場合、その発言しやすい雰囲気を指摘したところでリフレクションが止まってしまう。授業者と学習者の距離感やざっくばらんな物言い、適正な難易度による教材の提示や答え方の示唆などへと探究が深まらない。気がつくことがあってもそれを口にして掘り下げる習慣がない。思いつきをあれこれ列挙するだけで終わらしてしまう。良さを掘り下げるリフレクションをしてない。優れた授業者は掘り下げをする。現場の教師でも「見て真似る」「聞いて真似る」はやれても授業の一番の良さを掘り下げて、そこから授業を変えていくようなリフレクションのできる人は多くはない。過去の授業研究ではダメ出しとその理由を出し合うことをやってきているが、良さの理由を掘り下げることは行われてきていない。しかしそれでは実験的な授業づくりを活かすことは難しい。

理想の授業づくりを現場に活かすには掘り下げのリフレクションが必要である。

最後に、多くの授業づくり初心者は授業の技術に着目する。研究授業でもどういう教育技術を駆使すれば子どもたちをコントロールできるか。よりよく学ばせることができるかを探ろうとする。確かに授業目的を達成するために教育技術が必要であり、そうした技術を身につけていくことは必要である。しかし、授業者がどういう価値観でその技術を使っているかを知ることなしに技術部分だけを学んでも効果は小さい。技術は「こういう授業がしたい！」という教師の信念と結び付いている。優れた授業者は信念に基づくリフレクションをする。

現場でも教育技術の視点と共に授業者の見方・考え方、授業観と一緒に教育技術を見るようにするとよい。自分とは異なる見方・考え方、授業観に対しては、自分の見方・考え方、授業観を磨くための「研ぎ石」として協働的な授業リフレクションをしていくとよい。

（三）協働的なリフレクションで理想を磨く

理想の授業づくりは個人の「好きなこと」をベースに授業をつくる。その授業は授業者学生の「好きなこと」（活動）を教材として授業づくりを行うので授業者学生にとってもっとも信念に近い形の授業づくりになりやすい。

しかし必ずしもうまい授業づくりになるとは限らない。しかし授業の中の授業者の「見え」は大きくなる。自分の「好きなこと」をやっているので学習者の困り感や喜び、技術的なつまづきなどがよくわかるからである。つまり授業の中のリフレクションも起こりやすくなるのである。

この理想の授業づくりを日々の授業につなげていくには授業者の学生はもちろんであるが、学習者学生も含めて、理想の授業で実現した学びの意味を寄って集って掘り下げていくことが重要なポイントになる。協働的なリフレクションで理想の授業の安定化が起こってくる。

追試的な授業づくりではなく、特に実験的な授業づくりに何が必要であるか。キース・ソーヤー著『凡才の集団は孤高の天才に勝る―「グループ・ジーニアス」が生み出すものすごいアイデア』によると創造性を発揮するチームの特徴は七つあるという。七つの特徴のうちで、協働的な授業リフレクションに関連するものとして以下三つがある。

①「ディープ・リスニング」を実践する

グループ・ジーニアス（グループによる創造性）のモデルになっている即興演劇では、訓練を積んだ役者は、即興的なセリフの中で、ほかの役者が提示する新たなアイデアにじっと耳を傾けながら、同時に自分のアイデアを創り出す。この難しいバランスこそ、グループ・ジーニアスの必須条件である。

②コラボレーションから生まれるアイデアを積み上げる

ほかのメンバーの行動を見守り、その発言に耳を傾ける「ディープ・リスニング」を実践しているチームであれば、個々の新たなアイデアは、それまでに出てきたアイデアを踏まえたものになる。一人の個人が何らかのアイデアの発案者として、その栄誉を得るということも当然あるだろうが、同好の士が集まって懸命な努力を重ねた献身的チームと無関係にアイデアを生み出されるということは考えにくい。

③効率を追わない

アイデアの中には、単に良くないアイデアもあれば、それ自体は良いアイデアもある。またいずれはイノベーションにつながるアイデアであっても、まだその転換が行っていないものもある。たとえば、六〇分の即興劇の中で、一旦提示はされても、結局は使わないままのアイデアとして終わるものも少なくない。

キースのいうグループ・ジーニアスと協働的なリフレクションは考え方が重なり合う。

協働的な授業リフレクションは指摘し合うのではなく、聴き合うことが最大の特徴である。いわゆる付け足し発言による論点の深掘りが授業の秘密を解き明かすことが多々ある。一人のアイデアというよりもゼミ生が寄って集っての発言が学びの意味の発見につながる。

アイデアは一発必中のそれとは限らず、単なるアイデア止まりになるものも少なくない。しかし、そういう無駄もあるおしゃべりをすることによって、実験的な授業づくりの中にある学びの意味や、学びのしかけなどを取り出すことに成功することがたびたびあった。

現役教師が理想の授業づくりする際も協働的なリフレクションは必須だろう。協働的なリフレクションで理想の授業づくりは安定感を持ち始める。

人名索引

索　引

事項索引

著者紹介
上條晴夫（かみじょう　はるお）
山梨大学教育学部卒業（1980 年）
現在，東北福祉大学教育学部教授
主著に，
実践　教師のためのパフォーマンス術―学ぶ意欲を引き出す考え方とスキル（金子書房，2001 年）
図解　よくわかる授業づくり発想法（学陽書房，2009 年）
図解　よくわかる授業上達法（学陽書房，2007 年）
実践　子どもウォッチング―言葉にならないメッセージを受けとるために（民衆社，1993 年）ほか。

理想の授業づくり

2017 年 4 月 20 日　初版第 1 刷発行

定価はカバーに
表示してあります。

著　者　上條晴夫
発行者　中西健夫
発行所　株式会社ナカニシヤ出版
〒 606-8161　京都市左京区一乗寺木ノ本町 15 番地
Telephone　075 - 723 - 0111
Facsimile　075 - 723 - 0095
Website　http://www.nakanishiya.co.jp/
Email　iihon-ippai@nakanishiya.co.jp
郵便振替口座　01030 - 0 - 13128

装幀＝白沢　正／印刷・製本＝ファインワークス

ISBN978-4-7795-1138-7　C3037